Peter Kuhlmann / Henning Horstmann / Matthias Korn

Texte erschließen und verstehen

Didaktische Kriterien und Praxisbeispiele
für den Lateinunterricht

Vandenhoeck & Ruprecht

Bibliografische Information der Deutschen Nationalbibliothek:
Die Deutsche Nationalbibliothek verzeichnet diese Publikation in der
Deutschen Nationalbibliografie; detaillierte bibliografische Daten sind
im Internet über https://dnb.de abrufbar.

© 2022 Vandenhoeck & Ruprecht, Theaterstraße 13, D-37073 Göttingen,
ein Imprint der Brill-Gruppe
(Koninklijke Brill NV, Leiden, Niederlande; Brill USA Inc., Boston MA, USA;
Brill Asia Pte Ltd, Singapore; Brill Deutschland GmbH, Paderborn, Deutschland;
Brill Österreich GmbH, Wien, Österreich)
Koninklijke Brill NV umfasst die Imprints Brill, Brill Nijhoff, Brill Hotei,
Brill Schöningh, Brill Fink, Brill mentis, Vandenhoeck & Ruprecht, Böhlau,
Verlag Antike und V&R unipress.

Alle Rechte vorbehalten. Das Werk und seine Teile sind urheberrechtlich
geschützt. Jede Verwertung in anderen als den gesetzlich zugelassenen Fällen
bedarf der vorherigen schriftlichen Einwilligung des Verlages.

Umschlagabbildung: © DOC RABE Media/AdobeStock

Satz: SchwabScantechnik, Göttingen
Druck und Bindung: ⊕ Hubert & Co. BuchPartner, Göttingen
Printed in the EU

Vandenhoeck & Ruprecht Verlage | www.vandenhoeck-ruprecht-verlage.com

ISBN 978-3-525-70313-7

Inhalt

Vorwort 6

1. **Zur Einführung: Textarbeit im Lateinunterricht** (Peter Kuhlmann)   9
   Übersetzen und Textverständnis 9
   Wichtige Kompetenzen für die Textarbeit 11

2. **Theoretische Grundlagen** (Peter Kuhlmann) 13
   2.1 Prozesse des Textverstehens 13
   2.2 Strategien und Lesestile 22
   2.3 Dekodieren und übersetzen 27
   2.4 Schwierigkeitsgrade von Texten bestimmen 29

3. **Texterschließung in der Unterrichtspraxis: Aufgabentypen und Fallbeispiele** (Henning Horstmann/Peter Kuhlmann) 32
   3.1 Metakognition: vor der Lektüre *(pre-reading activities)* ... 32
   3.2 Texte sprachlich erschließen 36
       3.2.1 Textsorten und Textmerkmale erkennen (orientierendes Lesen) 36
       3.2.2 Texte grammatikalisch erschließen (selektives Detailverstehen) 39
       3.2.3 Sätze und Texte vollständig erschließen (totales/intensives Lesen)   49
       3.2.4 Textverstehen sprachbildend fördern 54
   3.3 Texte inhaltlich erschließen 64
       3.3.1 Orientierendes vs. globales Lesen 65
       3.3.2 Selektives Detailverstehen 73
       3.3.3 Intensives/totales Lesen 100

4. **Leistungsbewertung** (Matthias Korn) 110
   4.1 Vorgaben der Leistungsbewertung im Lateinunterricht 110
   4.2 Grundsätze und Dilemmata bei der Bewertung von Übersetzungsleistungen 114
   4.3 Auf dem Weg zu alternativen Bewertungskonzepten 115
   4.4 Ausgewählte Beispiele für Klassenarbeiten und Klausuren 119

5. **Literatur** 126

Vorwort

Die Texterschließung sollte eigentlich seit mehreren Jahrzehnten fester Bestandteil des altsprachlichen Unterrichts sein – entweder vor oder neben oder durchaus statt einer Übersetzung.

Gleichwohl zeigen Befragungen, dass von einem durchgehenden Einsatz texterschließender Unterrichtsverfahren in der Praxis keineswegs die Rede sein kann. Dies hängt sicher nicht zuletzt mit der Vorstellung zusammen, eine Texterschließung (ohne Übersetzung) sei entweder zu schwer für Lernende oder nutzlos für die Übersetzung.

Nun sehen die neuesten Kerncurricula für das Fach Latein häufig ausdrücklich neben der Übersetzung Aufgabenformate zur Dekodierung vor, die dann entsprechend in Leistungskontrollen Anwendung finden und im Unterricht geübt werden müssten. Insofern gewinnen Dekodierung und Texterschließung inzwischen einen eigenen Wert neben der Übersetzung.

Damit das gelingt, müssen Lehrende in der Lage sein,
- lernergerechte Textabschnitte zu definieren, die das Arbeitsgedächtnis nicht überlasten,
- sinnvolle Aufgaben in gestufter Form für eine mehrfache Lektüre eines Textes zu stellen,
- Aufgabenformate zur Überprüfung des Textverständnisses zu kennen und ihren Wert einzuschätzen,
- metakognitive Strategien zur effektiven Arbeit am Text zu vermitteln,
- den Schwierigkeitsgrad von (lateinischen und deutschen) Texten zu bestimmen (in Bezug auf die Lerngruppe),
- Texte mit effektiven und lerneradäquaten Hilfen *(scaffolding)* zu versehen bzw. Texte lerngruppenadäquat abzuändern.

Hierfür möchte das vorliegende Buch theoretische und praktische Hilfen geben:

Der erste Teil führt in die theoretischen Grundlagen des Textverstehens ein: Wie lesen und verstehen wir (fremdsprachliche) Texte, was macht Texte für

Lernende leicht oder schwer? Grundlage sind Erkenntnisse der fachbezogenen Forschung (z. B. Lena Florian), weiter der empirischen Leseforschung im Allgemeinen und schließlich des aktuell ganz zentralen »Sprachsensiblen Fachunterrichts« (v. a. Josef Leisen). Zugleich werden die Prozesse des Textverstehens mit den aktuell gültigen curricularen Vorgaben zur Textkompetenz abgeglichen. Allerdings geht es in diesem Kapitel auch darum, warum manche der gängigen Erschließungsaufgaben im praktischen Unterricht nicht gut funktionieren oder Lernende überfordern.

Der folgende Praxis-Teil gibt anhand von Lehrbuch- und Originaltexten einen systematischen Überblick über die unterschiedlichen Aufgabenformate zur Dekodierung und Texterschließung. Er orientiert sich zum einen an den grundlegenden Verstehensebenen (sprachlich vs. inhaltlich) und im Weiteren an den unterschiedlichen Lesestilen der empirischen Leseforschung. In diesem Kapitel finden sich zu den jeweiligen Aufgabenformaten Einschätzungen bezüglich des Schwierigkeitsgrads, Möglichkeiten der Skalierung und Differenzierung sowie vielfach Schülerurteile, soweit die Aufgabenformate praktisch erprobt sind. Besondere Berücksichtigung finden ferner Aufgabenbeispiele zur Sprachbildung und zum Sprachsensiblen Fachunterricht. Der Praxis-Teil enthält sowohl Aufgaben zur reinen Dekodierung/Texterschließung als auch zur Einbindung von Übersetzungsaufgaben oder zu einer sinnvollen Arbeit mit zweisprachigen lateinisch-deutschen Texten.

Der dritte Teil umfasst die Leistungsbewertung. Darin wird der für die Praxis besonders relevante rechtliche Rahmen behandelt, d. h. welche Gewichtung besitzen in den aktuellen Ländervorgaben für Klassenarbeiten und Klausuren überhaupt die Teile: Dekodieren – Übersetzung – Dokumentation des Textverständnisses. Weiter werden die aktuell wieder stärker diskutierten Möglichkeiten einer Positivkorrektur in den Blick genommen und unterschiedliche Modelle zur Leistungsbewertung aus Deutschland und Österreich vorgestellt, die neben der Übersetzung das Textverständnis integrieren. Mehrere praktische Beispiele realer Klassenarbeiten und Klausuren runden das Bild ab, indem sie einen Einblick in die Möglichkeiten der Leistungsbewertung geben.

Perspektivisch soll der vorliegende Band dazu beitragen, die Aspekte Texterschließung und Übersetzung miteinander organisch zu verbinden. Dazu werden beide Fachleistungen daraufhin überprüft, welche Bedeutung ihnen jeweils in bestimmten Unterrichtssituationen zukommt, wie sie sich sinnvoll in konkreten Lern- und Leistungssituationen einsetzen lassen, sowie, wie hoch ihr jeweiliger Schwierigkeitsgrad ist. Speziell das Übersetzen gilt in der Regel als besonders »schwere« Fachleistung im altsprachlichen Unterricht. Der vorliegende Band zeigt hingegen, wie selbst diese Fachleistung sich im Sinne von

Binnendifferenzierung und Sprachbildung/-förderung mit einfachen Mitteln fein skalieren lässt.

Latein wird schon lange nicht mehr nur an Gymnasien unterrichtet, die in der Regel die Anforderungen des Latinums zur Basis ihrer curricularen Standards machen (müssen). Der in vielen Ländern expandierende Lateinunterricht an Gemeinschafts- oder Gesamtschulen und anderen nichtgymnasialen Schulformen zielt mittlerweile häufig nicht mehr auf den Erwerb des v. a. auf der Rekodierung von Originaltexten basierenden Latinums. Gerade für Lernende solcher Schulformen können prozessbezogene Aufgaben zur Texterschließung eine wichtige Grundlage zur praktischen sprachlich-inhaltlichen Arbeit an lateinischen Texten bieten. Zugleich führt dieser Band mit seinen Aufgabenformaten vor, wie sich auch wissenschaftsorientierte Zugänge zu lateinischen (oder griechischen) Originaltexten z. B. durch die Arbeit mit zweisprachigen Textausgaben, durch die gezielte Suche nach Informationen in originalsprachlichen Texten oder die semantische Bestimmung zentraler originalsprachlicher Begriffe im Textkontext bereits im Unterricht professionalisieren lässt.

Schließlich bieten die vorgestellten Praxisbeispiele einen breiten Pool für skalierte Aufgaben in der Leistungsbewertung (Klassenarbeiten, Klausuren): Latein wird sicher immer ein »anspruchsvolles« Fach bleiben, allerdings müssen die Anforderungen für die Lernenden auch schaffbar bleiben. Dies sollen die hier vorgestellten Aufgaben und Unterrichtsbeispiele praxistauglich ermöglich.

1. Zur Einführung: Textarbeit im Lateinunterricht

Übersetzen und Textverständnis

Seit langer Zeit steht im Lateinunterricht bei der Textarbeit das Übersetzen im Vordergrund und bildet die wichtigste Grundlage für die schriftliche Leistungsbeurteilung. Lediglich in der Oberstufe und im Abitur kann in einigen Bundesländern die Interpretation dieselbe Gewichtung wie die Übersetzung aufweisen. Zwar wurden in der Fachdidaktik seit den 60er Jahren des 20. Jh. viele Texterschließungsverfahren entwickelt, die v. a. vor der Übersetzung das Textganze in den Blick nehmen sollten (sogenannte Textvorerschließung). Diese Verfahren sind seitdem kontinuierlich weiterentwickelt worden und haben sich auch in den Lehrwerken etabliert; allerdings ergeben Befragungen von Lateinstudierenden immer wieder, dass solche Methoden nicht flächendeckend zum Einsatz kommen. Dies hängt nicht zuletzt mit einer berechtigten Kritik an einigen traditionellen Erschließungsmethoden zusammen (dazu s. u.), die oft als »wenig praktikabel«, »zu schwer« bzw. »zu komplex« eingeschätzt werden und eher zum Raten als zur richtigen Übersetzung führen.

Ein Nutzen dieser Text(vor)erschließungsmethoden sollte darin liegen, die anschließende Übersetzung als eigentliches Ziel zu erleichtern. Allerdings fehlt ein empirischer Nachweis hierzu: Vorerschließende Phasen führen nicht zwangsläufig bei allen Lernenden zu »richtigeren« Rekodierungen, wie Erfahrungen aus niedersächsischen Studienseminaren und Studien im Rahmen von empirischen Masterarbeiten nahelegen. Dies hängt sicher mit den jeweils unterschiedlichen Anforderungen und Kompetenzen zusammen: Einen Text inhaltlich zu verstehen ist eben nicht dasselbe wie ihn unter Beachtung aller sprachlich-formaler Details in eine andere Zielsprache umzuformulieren[1]. Allerdings müsste diese Frage sicher noch genauer erforscht werden.

Hinzu kommt der bislang nicht hinreichend wahrgenommene Eigenwert der Erschließung als eigener, auch für die Leistungsbeurteilung relevanter Bereich:

---
1 Vgl. Nickel 2016: 39–60.

Aufgaben zur Texterschließung könnten, ähnlich wie im Mathematik-Unterricht, als Teil des »Lösungsweges« oder sogar statt einer Übersetzungsleistung berücksichtigt werden. Hier zeichnet sich langsam ein didaktischer und curricularer Umbruch ab, dahingehend, dass Aufgaben zur Dekodierung und zur Dokumentation des Textverstehens (alternativ zur Übersetzung) nun verstärkt *neben* bzw. *statt* der Übersetzungsleistung in die schriftlichen Leistungskontrollen Eingang finden und durch eine Positivkorrektur (Verpunktung) zur Notenfindung in schriftlichen Arbeiten beitragen sollen[2]. Bei Fortbildungen zum Thema geben die meisten Lehrkräfte an, sie hätten durchaus Interesse an solchen Aufgabenformaten, seien allerdings in ihrer universitären und pädagogischen Ausbildung nicht auf entsprechende Aufgaben vorbereitet worden. Seitdem sind jedoch viele praktische Vorschläge mit entsprechenden Aufgabenformaten entstanden, die in diesem Band in systematischer Form vorgestellt und an die Erkenntnisse der aktuellen Forschung zum Textverstehen angebunden werden.

Der hier verfolgte Ansatz ist nicht in dem Sinne dogmatisch, dass das Übersetzen durch texterschließende Aufgaben abgeschafft werden soll. Im Gegenteil lassen sich mit dem Übersetzen Unterrichtsziele exklusiv erreichen, die andere Aufgabenformate nicht leisten können: Hierzu gehören etwa die Abbildung der morphosyntaktischen Struktur ausgangssprachlicher Äußerungen oder die genaue semantische Bestimmung fremdsprachlicher Ausdrücke auf der Mikro-Ebene. Vor diesem Hintergrund ist es bedauerlich, dass das Übersetzen so gut wie ganz aus dem neusprachlichen Unterricht verschwunden ist. Daher enthält dieser Band sogar eine Reihe von Aufgabenbeispielen, die das Thema des Übersetzens vielfältig variieren und niederschwellige Übersetzungsformen sowie einen kreativen Umgang mit zweisprachig lateinisch-deutschen Textpassagen präsentieren.

Allerdings ist es ein Missverständnis, dass eine mehr oder weniger richtige Schülerübersetzung zeigt, ob er oder sie den Text inhaltlich verstanden hat. Dies lässt sich eher durch andere Aufgabenformate dokumentieren[3]. Die hier präsentierten Aufgaben können demzufolge je nach Unterrichtskontext und Lernsituation als (entlastende) Vorbereitung für eine Übersetzung oder als Ersatz für eine Übersetzung (z. B. zur kursorischen Lektüre) oder nach einer Übersetzung zur Vertiefung des inhaltlichen Textverständnisses genutzt werden.

---

2 Dazu Glücklich 2017.
3 Vgl. Glücklich 2008: 229–231; vgl. Janka 2017: 101–112; Leubner/Saupe 2016; Korn/Kuhlmann 2021.

Gerade der Aspekt der kursorischen Lektüre erscheint uns besonders wichtig[4], denn wie schon Johann Matthias Gesner[5] beklagte und betonte, liest man im Lateinunterricht meist viel zu kleine Textabschnitte, was zu Demotivierung und mangelnder Umwälzung des sprachlichen Wissens führt(e) – dies ist heute sicher nicht besser als im 18. Jh. Die schon von Oertel[6] präsentierten und hier weiterentwickelten Aufgabenformate lassen neben der nach wie vor dominanten statarischen Lektüre auch Phasen kursorischer Lektüre zu, mit denen Lernende recht lange Textpassagen bewältigen können. Die Verfahren sind im Übrigen nicht nur von Oertel (Bayern), sondern auch in Niedersachsen und Sachsen durch empirische Masterarbeiten und Versuche an Studierenden gut erprobt. Befragungen von Schülerinnen und Schülern zeigen, dass gerade sprach- und übersetzungsschwache Lernende einen regelrechten Motivationsschub bekommen, wenn sie dank leichter zu bewältigender Aufgabenformate wieder aktiv am Unterricht mitarbeiten und auch zum ersten Mal längere Passagen auf Latein »lesen« und in ihrem wesentlichen Gehalt verstehen können. Nicht verschweigen darf man freilich, dass bei diesen Befragungen die besonders leistungsstarken Schülerinnen und Schüler das reine Übersetzen häufig bevorzugen. Gleichwohl muss ein moderner und differenzierter Lateinunterricht möglichst alle Fähigkeiten und Lernerinteressen genügend berücksichtigen.

Wichtige Kompetenzen für die Textarbeit

Lernende sollten in der Lage sein, Strategien und Dekodierungsmethoden bei der Erschließung von Texten zielgerichtet anzuwenden (Metakognition – Methodenkompetenz), um Texte sprachlich und inhaltlich korrekt zu erschließen. Das bedeutet im Einzelnen:

a) Metakognition und Methodenkompetenz: Lernende können
   - vorgegebene Informationsträger heranziehen (Überschrift, Einleitungstext, Bilder, Illustrationen),
   - ausgehend von den im Textumfeld gegebenen Informationen Fragen und Erwartungen zum Inhalt des Textes formulieren,
   - Texte in mehreren Phasen/Abschnitten unter vorgegebenen/selbstbestimmten Aspekten erschließen,

---

4 Vgl. auch Oertel 2006; Kuhlmann 2011.
5 Gesner 1756: § 65.
6 Oertel 2006.

- Kommentarhilfen, Vokabular/Wörterbuch, (Begleit-)Grammatik und Sachinformationen zur Erschließung von Texten nutzen,
- Übersetzungen effektiv zur Selbstkontrolle des sprachlichen und inhaltlichen Textverständnisses nutzen.

b) Texte sprachlich erschließen: Lernende können
- anhand sprachlicher oder typographischer Merkmale die Textsorte bestimmen,
- aufgabenbezogen vorherrschende Textmerkmale herausarbeiten (z. B. Personalmorpheme, Sachfelder),
- elementare/komplexe syntaktische Strukturen eines Textes benennen/markieren (Wortgruppen/Haupt- u. Nebensätze abgrenzen),
- zur Vertiefung des Textverständnisses Übersetzungen miteinander vergleichen und die grundlegende Differenz von Original und Übersetzung nachweisen.

c) Texte inhaltlich erschließen: Lernende können
- dem Text aufgabenbezogen einzelne/komplexere oder: explizite/implizite Informationen zum Inhalt (z. B. Handlungsträger, Ort, Zeit; Handlungsmotive, Begleitumstände) entnehmen,
- anhand von Leitfragen isolierte Aussagen von Texten wiedergeben, falsifizieren oder verifizieren (z. B. Rasterfragen; Wahr-Falsch-Aufgaben),
- ein vorläufiges/umfassendes Textverständnis stichpunktartig/ausführlich formulieren.

2. Theoretische Grundlagen

Im Folgenden werden zunächst die Ebenen und Prozesse des Textverstehens sowie die unterschiedlichen Lesestile bei der Rezeption von Texten dargelegt. Die Ausführungen orientieren sich an den aktuellen Ergebnissen der empirischen Leseforschung, aber nicht zuletzt auch an Konzepten des Sprachsensiblen Fachunterrichts.

2.1 Prozesse des Textverstehens

2.1.1 Verstehensebenen

Grundsätzlich lassen sich beim Verstehen sprachlicher Äußerungen und Texte a) eine formal-grammatische bzw. strukturelle und b) eine inhaltlich-semantische Ebene unterscheiden.

1. Formal-grammatisches Verstehen:
    a) der Schlimpf grulte auf der brielen Schliese, weil er flatzen hullte
    b) morgen hatte der Genitiv zwischen dem Wasser Sonne gehört

Diese Sätze können jeweils ohne weiteres formal-grammatisch von deutschsprachigen Lesern in dem Sinne »verstanden« werden, dass Wortarten, morphologische und syntaktische Strukturen – ja selbst das grammatikalische Genus – der »Unsinns-Wörter« bestimmt werden können. Der zweite Satz lässt sich sogar problemlos in andere Sprachen übersetzen (lat.: *cras genitivus inter aquam solem audiverat*).

Ein inhaltliches Verständnis bleibt jedoch aus: Im ersten Satz reichen die lexikalischen Informationen nicht aus, wenngleich sich das Verb *hullen* aufgrund des syntaktischen Kontextes als Modalverb (~ *wollen, können, müssen*) identifizieren lässt. Der zweite Satz ergibt inhaltlich keinen Sinn und dürfte in seiner lateinischen Variante ähnlich wirken wie auch sonst viele original-lateinische Sätze im Lateinunterricht für Lernende: Übersetzen lässt es sich, der Inhalt bleibt unklar.

2. Inhaltlich-semantisches Verstehen
Die inhaltliche Verstehensebene lässt sich weiter skalieren in ein eher oberflächliches Verstehen, das sich mit einer Paraphrase der Äußerung in eigenen Worten dokumentieren lässt, und verschiedenen Deutungsebenen in Richtung Interpretation. So kann etwa ein Witz oder ein Martialepigramm durchaus oberflächennah verstanden und entsprechend korrekt paraphrasiert werden, ohne dass der eigentliche Witz verstanden wird. Auch Alltagsäußerungen oder ironische Bemerkungen fallen hierunter: So drückt eine Aussage wie *mir ist kalt* nicht unbedingt eine reine Information auf der Sachebene aus, sondern meist eher eine implizite Aufforderung (»illokutive Funktion«), je nach Situation (z. B.) entweder das Fenster zu schließen oder die Heizung anzustellen. Ähnlich kann eine Äußerung wie *na, das ist ja toll!* häufig ironisch gemeint sein und damit das Gegenteil ausdrücken. In fremdsprachlichen Texten und Äußerungen sind solche über den expliziten Wortsinn hinausgehenden Verständnisebenen in der Regel eine besondere Herausforderung für Lernende. Gerade Ironie und Metaphorik werden in lateinischen oder griechischen Texten von Schülern oder Studierenden nicht ohne weiteres erkannt.

Verstehensebene	Wiedergabe
1. sprachlich-strukturelles Verstehen	struktur-äquivalente Übersetzung
2. inhaltliches Verstehen: - explizit-oberflächennah - implizit/»eigentlich« Gemeintes	»freie« Übersetzung bis hin zur Paraphrase

Eine Übersetzung kann das Erkennen der über den reinen Wortsinn hinausgehenden Deutungsebenen häufig nicht sicher dokumentieren. Ein bekanntes Beispiel ist die Seneca-Sentenz (epist. 16,3) mit entsprechenden oberflächennahen Schülerübersetzungen:

philosophia non in verbis, sed in rebus est
»die Philosophie ist nicht in den Wörtern, sondern in den Sachen«

Um das »eigentlich Gemeinte« bzw. den intendierten Textsinn auszudrücken, müsste man die Äußerung entweder paraphrasieren oder eine »freiere« Übersetzung wählen (z. B. »Philosophie äußert sich nicht in Worten, sondern im Handeln« o. ä.). In der Übersetzungswissenschaft unterscheidet man hier zwischen den Polen einer strukturäquivalenten Übersetzung (»das Gesagte« übersetzen) und einer sogenannten »Deverbalisierung«, d. h. einer Loslösung vom genauen Wortlaut des ausgangssprachlichen Textes, die »das Gemeinte« wiedergibt. Mit diesem Begriffspaar oder auch mit dieser Skala lässt sich im Übrigen auch im Lateinunterricht operieren, indem spätestens nach (aber besser schon während) der Lehrbuchphase die Lerngruppen je nach Text die optimale Variante aushandeln. Die Skala reicht dann von der »wörtlichen« (struktur-äquivalenten) Übersetzung bis zur Paraphrase mit maximaler Deverbalisierung[7]:

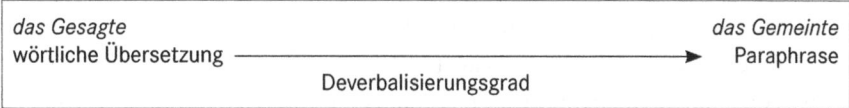

Ein weiteres Praxis-Beispiel aus der Vergil-Lektüre kann die hieraus resultierenden Herausforderungen illustrieren: Dido ruft vom Scheiterhaufen kurz vor dem Freitod in Richtung des absegelnden Äneas (Verg. Aen. 4,661f.) *hauriat hunc oculis ignem crudelis ab alto | Dardanus*. Die meisten Schülern haben hier das *Gesagte* in etwa so übersetzt: »Der grausame Dardaner soll dieses Feuer mit den Augen von der hohen See aus schöpfen«. Das *Gemeinte* wäre aber: »Der grausame Äneas soll meinen Scheiterhaufen von der hohen See aus erblicken«, was viele Schülerinnen und Schüler allerdings nicht verstanden hatten. Schwierig in poetischen Texten ist häufig die bildlich-indirekte Ausdrucksweise *(oculis haurire ~ videre/aspicere; ignis ~ rogus; altum ~ mare; Dardanus ~ Aeneas)*: Eine eigentliche »Übersetzung«, wie Schüler sie verstehen, bleibt dann oft inhaltlich unverständlich; die verständliche Variante dagegen wird eher als Paraphrase empfunden. In jedem Falle sollten die hier angesprochenen Übersetzungsarten explizites Unterrichtsthema im Sinne von Methodenkompetenz und Metakognition sein[8].

2.1.2 Dekodierung und Arbeitsgedächtnis

Dekodierungsebenen

In der lateinischen Fachdidaktik spricht man traditionell vom »Dekodieren«, wenn es um die sprachliche und inhaltliche Entschlüsselung von Texten geht.

---

7 Vgl. Nickel 2016: 37f.
8 Kuhlmann 2020: 219f.

Aus Sicht der Forschung zum Lese- und Textverstehen lassen sich auch hier verschiedene Ebenen unterscheiden:
a) Bei schriftlichen Äußerungen und Texten ist zunächst die (Typo-)Graphie zu dekodieren, was für nicht-geübte Leser oder auch bei zu kleiner/großer Schrift oder zu langen/kurzen Zeilen durchaus das Verstehen behindern kann (s. u.).
b) In der Regel dekodiert das Gehirn dabei zunächst die lexikalischen Informationen für das inhaltliche Verstehen.
c) Erst in zweiter Linie werden die morpho-syntaktischen Informationen verarbeitet, was für Lateinlernende bei entsprechend defizitären Kenntnissen ein besonderes Hindernis darstellen kann.
d) Parallel dazu wird das Weltwissen bei der Entschlüsselung und Kontextualisierung von Textbedeutung aktiviert, um einen Textsinn zu konstruieren. So dürfte der deutsche Satz *Der Graf/Die Studentin kauft sich ein neues Schloss* je nach Subjekt ein unterschiedliches »Schloss« (Gebäude vs. Fahrradschloss) bezeichnen: Das kulturelle Hintergrundwissen ermöglicht hier die lexikalische Dekodierung.

Dekodierungsebenen	
(- Graphie)	
- Lexik	Weltwissen bzw.
- Grammatik (Morphologie + Syntax)	kulturelles Hintergrundwissen

Den prinzipiellen Primat der Lexik beim Textverstehen zeigen folgende Textbeispiele:

Text 1: Grammatik verständlich – wenig Vokabeln bekannt
Es war einmal ein Kaul urdens Darbis und eine Kaulin urdens Prysta. Die hatten fluff Stritze: Der hurzere wurde Quarxes, der harzere aber Lytro geschlimpft. Darbis nun wurde fersch und fühlte das Zumpf striesen. Daher rief er nach seinen glumpfen Stritzen, von denen der hurzere ohnehin zufällig in der Fuhle ahlte. (51 Wörter: 13 unbekannt)
Text 2: keine Grammatik – alle Vokabeln bekannt
Caesar in Thermen gehen, wo Cicero treffen. Auch fünf hübsche junge Hetären bei Cicero, weil Ehefrau nicht in Rom sein. Cicero mit Caesar sprechen, weil bald Wahlen zu Konsulat. Cicero wissen, dass Caesar nach Macht streben. Cicero und Caesar eigentlich Gegner in Politik sein. Aber heute beide entspannen wollen. Caesar sehen schöne Hetären von Cicero und … (53 Wörter)

Der erste Text lässt sich vollständig im Bereich der Grammatik dekodieren, jedoch nur partiell lexikalisch: Obgleich die meisten deutschen Muttersprachler hier vermutlich 75 % der Lemmata (»Vokabeln«) kennen dürften, erschließt sich der Inhalt nicht. Der zweite Text kommt fast ohne grammatikalische Informationen aus, dafür lässt sich der Inhalt durch die Kenntnis der Lexik und kulturelles Vorwissen recht vollständig erschließen.

Klassische Dekodierungs- und Texterschließungsmethoden, die einseitig auf das Erkennen und Markieren der grammatikalischen Merkmale eines Textes (z. B. Subjekte und Prädikate, Haupt- und Nebensätze finden/markieren) abzielen, entsprechen demnach nicht dem intuitiven Textzugang von Lernenden und Lesenden überhaupt. In einem vorangehenden Schritt müsste bei einem Text die Erschließung über die lexikalische Seite erfolgen, bevor die grammatikalische Dekodierung erfolgt.

Auch die empirischen Untersuchungen von Florian[9] bestätigen den Eindruck: Die von ihr untersuchten Lateinschülerinnen und -schüler verwendeten den größten Teil der Arbeitszeit bei der Erschließungsarbeit auf die lexikalische Dekodierung, während die Grammatik vernachlässigt wurde.

Nun lassen sich in der Praxis allerdings keineswegs alle Texte rein aufgrund der Lexik erschließen: Bei vielen Lehrbuch- und narrativen Originaltexten mag man damit noch weit kommen, aber sobald Sprecherwechsel mit Prädikaten in allen drei Personen auftauchen, lässt sich der Textinhalt allein aufgrund der Lexik nicht mehr erschließen, wie folgende Textbeispiele zeigen:

Caesar, Bellum Gallicum 4,1
Suebor- gens est long- maxim- et bellicosissim- German- omni-. Hi centum pag- habere dic-, ex qui- quotannis singul- mili- armat- belland- causa ex fini- educ-. Reliqu-, qui domi mans-, se atque ill- al-; hi rursus in vicem ann- post in arm- su-, illi domi reman-. Sic neque agricultur- nec ratio atque usu- bell- intermitt-.

Seneca, epistula 7,11 f.
Egregi- hoc terti- Epicur-, cum un- ex consorti- studi- su- scrib-: ›haec‹ inquit ›ego non mult-, sed tibi; satis enim magn- alter alter- theatr- sum-‹. Ist-, m- Lucil-, condend- in anim- s-, ut contemn- voluptat- ex plur- assensio- venient-. Mult- te laud-: ecquid hab-, cur place- tibi, si is es, qu- intelleg- mult-?

In beiden Texten sind die Endungen weitestmöglich getilgt. Dennoch konnten bei vielen Versuchen Lateinstudierende und -lehrkräfte den Caesartext ohne Probleme verstehen. Den eher dialogischen Senecatext über triviale Elemente (Epikur-Zitat, Anrede an Lucilius, Thema »Lust«) hinaus gut zu entschlüsseln, gelang jedoch bei diesen Experimenten kaum jemandem, obwohl es sich eigentlich um eine eher häufig gelesene Textstelle handelt.

Als Fazit lässt sich jedenfalls festhalten: Die Lexik ist für alle Texte zunächst zentral (v. a. Lehrbuch, Erzähltexte in der 3. Person), die morpho-syntaktischen

---

9   Florian 2015.

Informationen sind teilweise eher redundant, teilweise durchaus wichtig für das Detailverstehen (dialogische Texte i.w.S.; auch Reden).

top-down und bottom up

Bei der Durchsicht des Caesarbeispiels dürften den Leserinnen und Lesern gleich die Eigennamen der Sueben und der Germanen sowie das Adjektiv *bellicos(issim)us* ins Auge gesprungen sein. Zusammen mit der Information zur Textstelle, nämlich dem Germanenexkurs in dem für Lateinlehrkräfte bekannten Caesarwerk *De bello Gallico* ergibt sich bereits vor der genauen Lektüre ein Voreindruck, der den weiteren Leseprozess vorprägt und erleichtert. Meist weiß man schon, dass die Sueben ein besonders aggressiver germanischer Volksstamm sind, der mit Caesar in einen gefährlichen militärischen Konflikt gerät. Man sucht dann den weiteren Text – gleich ob mit oder ohne Grammatikendungen – unbewusst auf die Bestätigung dieses Vorwissens hin ab und bekommt aufgrund der Text-Lexik Detail-Informationen, die dann wiederum die Lücken auf morphologischer Seite füllen helfen. Der Verstehensprozess läuft also einmal aufgrund des Vorwissens (Inhalt, Textsorte, Autor) »von oben nach unten« *(top down)* und »von unten nach oben« *(bottom up)*, d. h. von den lexikalischen Einzelinformationen zur Gesamttextbedeutung hin ab:

top down Vorwissen: (kulturelle) Schemata (auch: Situationen, Autor, Textsorte, Gattung, etc.)	T E X T T E X T T E X T T E X T T E X T	Propositionen → Sätze Wortgruppen Morpheme/Endungen Wortschatz
		bottom up

Im Idealfall laufen bei guter Sprachbeherrschung und entsprechenden inhaltlich-kulturellen Vorkenntnissen die beiden Prozesse parallel ab. In der Praxis des Lateinunterrichts dagegen rezipieren viele Lernende die lateinischen Texte einseitig »von unten nach oben«, indem sie mühsam die lexikalischen und grammatikalischen Elemente des Textes entschlüsseln und dabei den inhaltlichen Gesamtzusammenhang des Textes aus dem Blick verlieren. In der Leseforschung spricht man hier von *lower-order*-Prozessen *(bottom up)* und *higher-order*-Prozessen *(top down)*[10]. Ein professioneller Leser kann sich in der Regel durch einen *higher-order*-Prozess zügig Orientierung über einen Text verschaffen, dann aber natürlich auch durch genaue und sorgfältige Lektüre denselben Text in einem *lower-order*-Prozess wahrnehmen.

---

10 Kühne 2013: 9–11.

Je mehr Erfahrung man als Lehrkraft mit lateinischen Texten hat, umso schlechter kann man sich in solche schülertypischen *lower-order*-Prozesse hineinversetzen. Man kann aber durch typographische Tricks versuchen, sich in die Augen von Lateinlernenden mit defizitären Sprachkenntnissen hineinzuversetzen, um das Problem nachzuvollziehen (Sen. epist. 7,11):

EGREGIEHOCTERTIUMEPICURUSCUMUNIE
XCONSORTIBUSSTUDIORUMSUORUMSCRIB
ERETHAECINQUITEGONONMULTISSEDTIBI ...

Selbst gewiefte Philologen dürften hier aufgrund der mühseligen Dekodierung nach Wörtern, Kola und Sätzen *(bottom up)* im *lower-order*-Prozess verharren und nur sehr mühsam einen inhaltlichen Textzusammenhang entschlüsseln. Wenn man dieselbe Textstelle jedoch in einer gängigen typographischen Darstellung zuvor gelesen und sich gut eingeprägt hat, fällt die anschließende Lektüre dieser *scriptio-continua*-Fassung leicht(er).

Arbeitsgedächtnis

Die traditionellen Text(vor)erschließungsmethoden zielen nun gerade darauf, den Lernenden vor der Fein-Dekodierung und Detailübersetzung einen inhaltlichen Eindruck vom Textganzen im Sinne eines *higher-order*-Prozesses zu vermitteln. Doch genau unser Seneca-Beispiel macht schlagartig klar, warum diese Methoden nicht immer funktionieren (können). Wer aufgrund defizitärer Lexik- und Grammatikkenntnisse (und fehlenden Vorwissens) sein Arbeitsgedächtnis so stark mit der Dekodierung von sprachlichen Details belasten muss, hat schlicht keine Kapazitäten mehr für das Textganze.

Das Arbeitsgedächtnis erweist sich als eine entscheidende Größe[11], die in der älteren lateinischen Fachdidaktik nicht genug berücksichtigt wurde, allerdings für die moderne Lese- und Textverstehensforschung eine zentrale Rolle spielt[12]. Je mehr die Lernenden bei der Textarbeit bewusste Dekodierungen vornehmen müssen (bewusste Vokabelsuche, bewusste Formenbestimmung, bewusste syntaktische Analyse etc.), umso stärker ist das Arbeitsgedächtnis durch diese Prozeduren absorbiert. Wenn dann noch die Suche nach einer möglichst zielsprachenorientierten Formulierung für eine schriftliche Übersetzung hinzukommt, bleibt das inhaltliche Verständnis naturgemäß auf der Strecke.

---

11 Dazu Kühne 2013: 13–16; Florian 2017: 60–64; Kuhlmann 2018a: 32–34.
12 Vgl. Kühne 2013: 11–17 für Latein; ansonsten Leisen I, 2013: 56–58 u. 127.

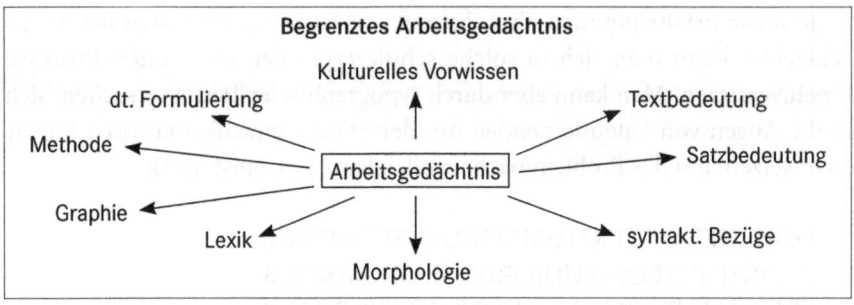

Wenn man das Arbeitsgedächtnis mit 100 % Kapazität ansetzt, lässt sich leicht errechnen, dass bei einer Belastung durch die Dekodierungsebenen von Lexik und Morphologie mit z. B. 95 % nicht mehr viel Speicherplatz für die übrigen Operationen bleibt. Wer dagegen eine hohe sprachliche Sicherheit hat und die lexikalischen sowie grammatikalischen Informationen des Textes ohne Mühe unbewusst abrufen kann, hat entsprechend mehr Kapazität für den Rest.

In der Leseforschung sind diese Zusammenhänge lange bekannt, weil sie auch für ungeübte und sprachschwache Leser (komplexer) muttersprachlicher Texte gelten. Es gibt grundsätzlich zwei Wege, um mit dieser Herausforderung im Unterricht umzugehen[13]:
a) defensiver Ansatz (Text wird an die Lernenden angepasst);
b) offensiver Ansatz (Lernende werden an den Text angepasst).

In der Praxis wären Beispiele für den defensiven Ansatz der Einsatz möglichst einfacher Texte (etwa durch den Verzicht auf echte Originaltexte; Einsatz von Textadaptionen) oder die Beschränkung auf das Übersetzen von bekannten, d.h. zuvor im Unterricht gemeinsam übersetzten Texten bei der Leistungsbeurteilung. Prinzipiell würde man bei defensivem Vorgehen grundsätzlich auf Texte (z.B. Originallektüre) oder Aufgaben (z.B. rekodieren) verzichten, die zunächst einmal für die Lernenden nicht lösbar sind.

Der offensive Ansatz soll die Lernenden dagegen fordern, aber keinesfalls überfordern, sondern gezielt fördern. Dies kann durch den Einsatz von Lernhilfen *(scaffolding)* geschehen – bei der Textarbeit können dies neben den bekannten Vokabel- und Grammatikhilfen in Lektüreausgaben zusätzliche Hilfekärtchen oder vorgegebene Teilübersetzungen, typographische Hilfen (Kolometrie), Markierung von Schlüsselwörtern und Ähnliches sein (konkrete Beispiele unten im Praxisteil 3.2 und 3.3.1).

---

[13] Nach Leisen I, 2013: 121 f.

Die Verbindung von defensivem und offensivem Ansatz mit gestuftem Anforderungsprofil kann folgendes Textbeispiel illustrieren (Livius 1,7):

Romulus und Remus streiten sich darum, wer von ihnen die neue Stadt gründen darf. Der römische Historiker Livius berichtet dazu folgende Geschichte:

Original	Adaption
Priori Remo augurium venisse fertur: sex voltures *(Geier)*. Iamque nuntiato augurio, cum duplex *(doppelt)* numerus Romulo se ostendisset, utrumque regem sua multitudo consalutaverat.	Primum augurium Remo venit *(so heißt es):* sex voltures *(Geier)* venerunt. Duplex *(doppelt)* numerus volturum Romulo se ostendit *so ist es überliefert. Daraufhin werden beide von ihren Anhängern als König angerufen).*
Inde cum altercatione congressi certamine irarum ad caedem *(Totschlag)* vertuntur; ibi in turba ictus Remus cecidit.	Inde irati pugnare coeperunt et ad caedem *(Totschlag)* se verterunt; ibi Remus in turba ictus est et cecidit.
Vulgatior fama est ludibrio *(Verspottung)* fratris Remum novos transiluisse muros; inde Remum ab irato Romulo, cum verbis quoque increpitans adiecisset: »Sic deinde <interficietur>, quicumque alius transiliet moenia mea,« interfectum esse.	Sed vulgatior est alia fama: *Remus wollte seinen Bruder verspotten und* novos muros transsiluit; inde Remus ab irato Romulo interfectus est. Romulus dixit: »Sic ego interficiam omnes alios, qui muros meos transilient!«

Bei einem defensiven Ansatz könnten sich die Lernenden auf die Bearbeitung der adaptierten und alternierend-zweisprachigen Fassung (rechts) beschränken. Für einen offensiven Ansatz würde man zum Original die üblichen Hilfen der Textausgaben hinzufügen. Doch können Lernende durchaus zunächst mit der adaptierten Version arbeiten und anschließend zumindest Teile der Originalfassung bearbeiten.

In jedem Fall benötigen die Lernenden gezielte Aufgaben, die das Textverstehen unterstützen und damit die entsprechenden Kompetenzen fördern. Bei der Textarbeit sind hierzu in der Regel mehrere Durchgänge durch einen Text erforderlich, die mithilfe gezielter Aufgaben den Text schrittweise sprachlich und inhaltlich erschließen helfen. Die schrittweise Erschließung eines Textes mit gestuften Aufgaben vor der eigentlichen Lektüre *(pre-reading)*, während der Lektüre *(while-reading)* und gegebenenfalls auch nach der Lektüre *(post-reading)* vermeidet zudem eine zu starke Belastung des Arbeitsgedächtnisses während der Textarbeit selbst. Ausgehend vom obigen Schema könnten hier etwa alle Lernenden vor der Lektüre ihre Kenntnis des Romulus-Mythos reaktivieren (oder ggf. recherchieren), damit die Geschichte inhaltlich bekannt ist und somit entsprechend als Vorwissen genutzt werden kann. In einem weiteren Schritt können einige wenige wichtige Schlüsselwörter *(augurium – cadere – interficere –*

murus – transilire) wiederholt bzw. angegeben und gleich inhaltlich in den Mythos eingebettet werden (Kontextualisierung lexikalischer Informationen). Diese Vorentlastung kann für den adaptierten Text bereits ein verstehendes Lesen ohne Übersetzung ermöglichen.

2.2 Strategien und Lesestile

Die letzten Ausführungen leiten bereits über zu einem eher methodischen Thema, nämlich den konkreten Strategien der Textarbeit und den unterschiedlichen Lesestilen, die bei einer authentischen Lektüre und Textarbeit (nicht zuletzt außerhalb des Lateinunterrichts und nach der Schulzeit) immer relevant sind. Professionelle Leser und lernstarke Schülerinnen und Schüler gehen meist intuitiv richtig und effektiv mit mutter- oder fremdsprachlichen Texten um: Sie wissen, dass man Texte zur groben inhaltlichen Orientierung querlesen *(skimming)* oder auch gezielt nach bestimmten Informationen selektiv absuchen *(scanning)* kann und nur für bestimmte Zwecke eine intensive bzw. totale Lektüre notwendig ist. Sie wissen auch, dass man zunächst nicht alles im Detail verstehen muss und unter Umständen eine mehrfache Lektüre notwendig sein kann, bei der man flankierend bestimmte Begriffe entweder außer Acht lässt oder gezielt recherchiert bzw. nachfragt. Schließlich bauen sie intuitiv vor der Lektüre schon eine Vorerwartung über den Text auf, weil sie Vorwissen über den Autor, die Textgattung bzw. -sorte, das Thema und die mutmaßliche Intention oder auch Zuverlässigkeit des Textes mitbringen, was alles zu einer grundsätzlichen Orientierung vor der Lektüre beiträgt.

Viele Schülerinnen und Schüler bringen jedoch aus ganz verschiedenen Gründen (Begabung, Bildungshintergrund, fehlende Lesekultur im Elternhaus u. ä.) eine solche metakognitive Vertrautheit nicht mit und sind bei der Textarbeit zunächst einmal benachteiligt. Es gilt daher, ihnen diese unterschiedlichen Strategien zu vermitteln, die nicht nur für die Arbeit mit lateinischen Texten, sondern generell für eine professionelle Benutzung von Texten hilfreich sind. Dies betrifft im Lateinunterricht etwa den richtigen Umgang mit informierenden deutschen Sachtexten zur antiken Kulturgeschichte, die in den neueren Lehrwerken einen immer größeren Raum einnehmen, aber ebenso mit erklärenden Texten der Begleitgrammatiken und schließlich mit appellativen Methodentexten (z. B. zum Vokabellernen, zu Übersetzungsstrategien u. ä.), die prozedurale Fertigkeiten vermitteln sollen. Auch diese Texte sind keineswegs für alle Lateinschülerinnen und -schüler so selbsterklärend, wie die Lehrwerke nahelegen.

Lesestile

Man unterscheidet also folgende »Lestile«, die unterschiedliche Stufen des Textverständnisses abbilden und zugleich einer *zielgerichteten Mehrfachlektüre* desselben Text(abschnitt)s nach unterschiedlichen Gesichtspunkten dienen[14]:

orientierendes Lesen	Paratextuelle Informationen wie z. B. Überschrift, Gattungswissen etc. zur allgemeinen Orientierung nutzen und Vorerwartung aufbauen
selektives Lesen	einzelne Informationen aus dem Text verstehen/ziehen oder gezielt suchen
globales/extensives Lesen	den generellen Inhalt des Textes durch Querlesen verstehen (im Text hin- und herspringen)
intensives/totales Lesen	den Text in allen Details sprachlich und inhaltlich verstehen, auch die impliziten Informationen

Dieses Modell ist ursprünglich für den muttersprachlichen (Deutsch-) wie den Fremdsprachenunterricht erarbeitet worden. Es bildet aber in vieler Hinsicht auch die zielgerichtete Arbeit mit lateinischen Texten ab, sodass sich die in den Latein-Curricula formulierten Textkompetenzen gut zuordnen lassen.

Orientierendes Lesen: Hierzu gehören alle Formen der Vorentlastung und damit bestimmte Vorerschließungsaufgaben wie die Nutzung eines Bildes zum Lektionstext, der Aufbau einer Vorerwartung durch die Überschrift, die Lektüre des deutschen Vorspanns, die Bestimmung der Textsorte, die Identifikation von Eigennamen im Text und schließlich die Aktivierung und Explizierung des eigenen Vorwissens. Die Aufgaben aus diesem Bereich sind in der Regel einem niedrigen Anforderungsbereich zuzuweisen (AFB I-II) und können in der Regel von allen Lernenden bewältigt werden. Aufgaben zum orientierenden Lesen können v. a. vor einer Übersetzung oder weiteren Textarbeit eingesetzt werden *(pre-reading activity)*. Bei hinreichendem Sprachvermögen kann auch ggf. der erste und letzte Satz eines Text(abschnitt)s gelesen werden, sofern diese einen hinreichenden Voreindruck vermitteln.

Selektives Lesen: Hierbei handelt es sich wie bei den folgenden Lesestilen um eine *while-reading-activity*. In den Curricula ist dies häufig mit dem Operator »Informationen aus dem Text entnehmen« oder »Informationen im Text nachweisen« (o. ä.) bezeichnet. Notwendig dazu ist nicht das vollständige Text-

---

14 GER 2001: 74–76; Leisen 2013, I: 136 u. 222–224 zu den GER-Kategorien; Nold/Willenberg 2007: 38; Hinger/Stadler 2018: 69–75.

verständnis oder gar eine Ganzübersetzung eines Textes. Vielmehr können Lernende etwa vorgegebene Sach- oder Wortfelder in einem Text auch ohne Rekodierung nachweisen, bestimmte lateinische Begriffe oder grammatikalische Phänomene finden und ordnen, komplexere (auf Deutsch vorgegebene Informationen) im lateinischen Text suchen/nachweisen (mit Zeilenangabe, lateinisch zitieren). Auch sogenannte »Rasterfragen« (W-Fragen: »wer-was-wo-wie-warum?« s. u. 3.3.2) oder Wahr-Falsch-Fragen zur gelenkten Erschließung gehören hierzu.

Dieser Lesestil ist zentral bei der beruflichen Arbeit mit (lateinischen) Texten und für die Nutzung zweisprachiger Ausgaben in Studium und akademischen Berufen, denn dort müssen Historiker, Theologen, Philosophen, aber auch Philologen häufig größere lateinische Textmengen nach bestimmten Informationen oder Textstellen »scannen« können. Auch Lateinlehrkräfte, die einen Text nach bestimmten Kriterien für die Unterrichtstauglichkeit »scannen«, verfahren so. Der Anforderungsbereich von Aufgaben zum selektiven Lesen lässt sich skalieren und kann bei dem Nachweis impliziter Informationen AFB II-III erreichen.

Die hier genannten Aufgaben können *vor, statt* und *nach einer Übersetzung* eingesetzt werden: Sie können den Prozess der inhaltlichen oder sprachlichen Erschließung unterstützen oder nach einer das Arbeitsgedächtnis aufzehrenden Rekodierung noch einmal den Blick auf den eigentlichen Textinhalt lenken. Neuerdings sind solche Aufgaben in den Curricula jedoch häufig statt einer Übersetzung vorgesehen.

Globales (extensives) Lesen: Anders als vielleicht zunächst zu vermuten wäre und ältere didaktische Ansätze zur ganzheitlichen Texterschließung nahelegen, handelt es sich hierbei streng genommen um eine anspruchsvolle Verstehensleistung. Nur wer bereits ein beachtliches Sprachniveau erreicht hat, kann einen *unbekannten* Text wirklich (verstehend!) querlesen, was in der Regel nicht linear, sondern mit Sprüngen nach vorn und zurück im Text einhergeht. Ansonsten ist dies eher bei bekannten Texten möglich, die man entweder im Unterricht oder selbstständig zu Hause behandelt hat. Das globale Lesen setzt jedenfalls eine gute Beherrschung der Lexik sowie das zugrunde liegende Weltwissen voraus, um die aufgenommenen Informationen verarbeiten zu können.

Im Lateinunterricht sind sicher Annäherungen mithilfe üppiger Vokabelangaben (im und nicht neben dem Text!) und typographischer Hilfen (Kolometrie, Vormarkierung von Schlüsselwörtern) als »scaffolding« möglich. Ebenso sollten gut bekannte Texte oder Texte mit gut bekanntem Inhalt im Idealfall so gelesen werden können. Als Ergebnis eines erfolgreichen globalen Leseprozesses ist eine kurze Inhaltsangabe möglich. Ein globales Textverstehen kann im Unterricht umgekehrt z. B. vor einer Übersetzung ermöglicht werden, indem die Lernenden vor der Lektüre des lateinischen Originals eine Übersetzung der Passage oder eine Inhaltszusammenfassung auf Deutsch erhalten und erst dann an den lateinischen Text gehen. Dazu gibt es weiter unten konkrete Aufgaben (s. u. 3.2.3).

Intensives/totales Lesen (Detail-Verstehen): Dies bildet den höchsten Verständnisgrad ab und schließt neben den expliziten auch die impliziten Informationen (z. B. Leerstellen, Ellipsen, Metaphorik, Doppeldeutigkeiten, Ironie, bloße Andeutungen, Anspielungen, Insinuieren u. ä.) ein.

Er setzt entsprechend eine vollständige Beherrschung der sprachlichen Grundlagen sowie des notwendigen kulturellen Wissens voraus.

Im Unterricht mündet diese Leseart in der Regel entweder in eine genaue Paraphrase in eigenen Worten oder eine semantisch-äquivalente Übersetzung sowie in die Textinterpretation, für die jeweils das totale Textverständnis die zentrale Voraussetzung bildet. Aufgaben hierzu sind dementsprechend im höchsten Anforderungsbereich (AFB III) anzusiedeln.

Speziell im Fremdsprachen- und damit im Lateinunterricht führt allerdings häufig ein (empfundenes) intensives *Lesen* (im Sinne von Bearbeiten/ Dekodieren) zu einem nur globalen Text*verständnis*, das nicht alle Informationen eines Textes abdeckt.

Fünf-Phasen-Schema nach Leisen

Aus den hier vorgestellten Lesestilen hat Leisen ein »Fünf-Phasen-Schema«[15] entwickelt und in der Praxis erprobt. Diese fünf-phasige Lesestrategie richtet sich an Leserinnen und Leser, für die deutsch- oder fremdsprachige Texte eine besondere Herausforderung sind. Daher ist sie prinzipiell auch gut für die selbstständige oder angeleitete Arbeit mit – in der Regel als schwer empfundenen – lateinischen Texten geeignet. Darüber hinaus lässt sie sich gut für die Lektüre deutschsprachiger Sach- und Infotexte einsetzen:

---

15 Leisen 2009: 23 f. u. 56 f.

> **Lesestrategie: Fünf-Phasen-Schema (Leisen)**
> 1. Phase: **Orientierung** (orientierendes Lesen: s. o.)
> 2. Phase: **Verstehensinseln im Text identifizieren** (z. B. durch selektives Lesen: s. o.; Verstehensinseln kann die Lehrkraft durch deutsche Partien im lateinischen Text [alternierend-zweisprachige Lektüre] schaffen)
> 3. Phase: **inhaltliche Details im Textganzen erschließen** (durch intensives Lesen bestimmter Abschnitte/Segmente: Wichtige Informationen/Schlüsselwörter oder grammatikalische Phänomene markieren; Verstehensinseln aufeinander beziehen etc.)
> 4. Phase: **Textinhalt reflektieren** und in eigenes Wissensnetz einbinden (roten Faden finden; Textganzes erschließen, Inhalt zusammenfassen)
> 5. Phase: **Textverständnis überprüfen** (z. B. durch Arbeitsblätter, Partnertausch, Lösungsblätter, Plenumsphase o. ä.)

Diese Strategie bedeutet die *mehrfache Lektüre* desselben Text(abschnitt)s unter verschiedenen Aspekten. Sie kann mit lehrkraftgestützten Aufgaben eingeübt werden, bevor sie zur selbstständigen Anwendung kommt. Auf der anderen Seite dürften die Schritte in etwa dem entsprechen, was professionelle Philologen ohnehin in ihrer Praxis tun: Bevor sie an einen Text herangehen, verschaffen sie sich grobe Informationen dazu – selbst vor der Lektüre eines Romans lesen viele erst einmal den Klappentext oder eine online-Rezension. Beim genaueren Lesen halten sich Experten zunächst an dem fest, was sie schon verstehen (Verstehensinseln) und rekonstruieren danach fortlaufend den Inhalt des Gesamttextes, indem sie die Verstehensinseln immer weiter aufeinander beziehen und mit ihrem Vorwissen verbinden (Phase 4). Zum Schluss kann eine Kontrolle durch den Blick in eine Übersetzung oder den Kommentar erfolgen.

Besonders sprachschwache Lateinlernende begehen häufig den »Fehler«, dass sie lateinische Texte allzu linear lesen und bei jedem auftretenden Hindernis die weitere Lektüre – selbst mitten im Satz – unterbrechen. Erst wenn sie glauben, das Problem (vermeintlich) gelöst zu haben (z. B. durch das Nachschlagen von – z. T. allen! – Vokabeln), gehen sie weiter im Text. Die o. g. Lesestile und -strategien können in diesem Fall helfen, ggf. mit gezielten Aufgaben, solche Fehlhaltungen zu durchbrechen. Anderseits muss natürlich gewährleistet sein, dass Lernende auch wirklich zumindest lexikalisch eine Lesephase durch einen ganzen Textabschnitt bewältigen können: Hierzu muss die Lehrkraft – wie oben schon angedeutet – entweder sich auf dazu geeignete Texte beschränken (defensiver Ansatz) oder durch im Text integrierte Vokabelangaben, Kolometrie u. ä. (*scaffolding*: offensiver Ansatz) die Texte typographisch hinreichend vorentlasten. Für die Überprüfung des Textverständnisses kann die Lehrkraft je nach Unterrichtskontext durchaus eine strukturäquivalente Übersetzung, eine Paraphrase oder Ähnliches bereithalten, wie es in offenen Unterrichtsformen (Freiarbeit, Wochenplan) ohnehin üblich ist.

Sinnschleifen für das Übersetzen nach Hey
Für das Übersetzen von Texten haben im Übrigen Hey et al. ein gut vergleichbares Phasenschema entwickelt, das folgende Phasen bzw. »Sinnschleifen« umfasst[16]:
1. Sinnerfassung (was ist der Textinhalt?)
2. Sprachanalyse (stimmt die Übersetzung mit den grammatikalischen Formen überein?)
3. Selbstkontrolle (kann meine Übersetzung wirklich richtig sein – was muss ich korrigieren?)

Die Autoren präsentieren eine praxisgerechte »Checkliste« (bzw. »Spickzettel«) für Klassenarbeiten (Rekodierung) mit wichtigen Items, die z. T. den Lesestilen entsprechen[17]:
- Habe ich den deutschen Vorspann gelesen?
- Habe ich alle Sätze und Wörter übersetzt?
- Ist alles logisch?
- Habe ich alle Formen entschlüsselt?« etc.

Schülerbefragungen in Schleswig-Holstein hatten bei der Konzeption des Buches das sicher auch für manche erfahrene Lehrkraft erstaunliche Ergebnis zutage gefördert, dass etwa ¾ der Schülerinnen und Schüler z. B. den deutschen Vorspann in lateinischen Klassenarbeiten überhaupt nicht lesen, obgleich er in der Regel zentrale Informationen für das Textverständnis liefert (orientierendes Lesen). Nach der Einführung der o. g. »Checklisten« bzw. »Spickzettel« änderte sich dies relativ schnell.
  Das Praxisbeispiel zeigt, wie wichtig solche aufgabenbasierten Strategien der Textarbeit sind und wie wenig v. a. jüngere Lernende solche für akademisch gebildete Lehrkräfte eher selbstverständliche Lesestrategien anwenden.

2.3 Dekodieren und übersetzen

Übersetzen und Textverstehen werden traditionell von vielen altphilologischen Fachvertretern mehr oder weniger gleichgesetzt. Dennoch handelt es sich – wie schon angedeutet – um zwei verschiedene Prozesse, die zudem unterschiedliche Kompetenzen verlangen. Gleichwohl interagieren beide Prozesse mit-

---
16 Hey et al. 2016: 11–13.
17 Hey et al. 2016: 55–57.

einander, da Leser bei schwer verständlichen fremdsprachigen Texten häufig für bestimmte Segmente Teilübersetzungen (mündlich oder »im Kopf«) formulieren, um sich Struktur oder Inhalt klar zu machen. Die Prozesse lassen sich mit folgendem Schema illustrieren[18]:

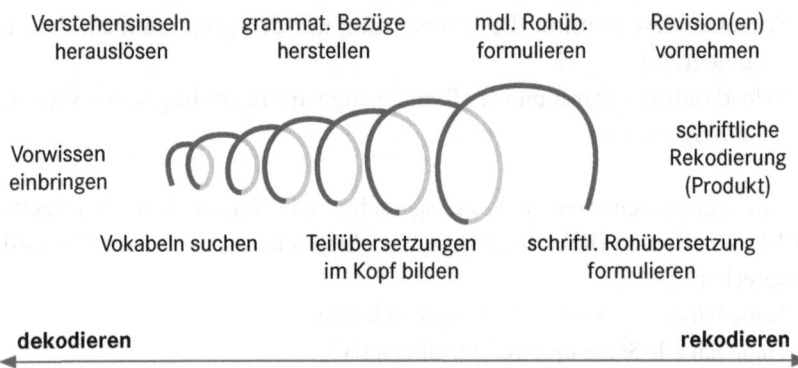

→ kein linearer Vorgang – Um-/Rückwege möglich/nötig

Das Modell nimmt noch einmal die o. g. Leseprozesse auf und verbindet sie mit den unterschiedlichen Teilaspekten des Übersetz-*ens*, bei denen die (schriftliche) Übersetz-*ung* am Ende als Produkt stehen kann. Wichtig ist auch bei der Übersetz-*ung* die Unterscheidung zwischen einer mündlichen Roh- oder Arbeitsübersetzung, die meist eher den Prozesscharakter des Verstehens abbildet und nicht immer zielsprachigen Normen entspricht, und der schriftlichen zielsprachigen Rekodierung. Als Zwischenstufe kann die im Lateinunterricht vielfach anzutreffende schriftliche, aber nicht zielsprachengerechte Übersetzung gelten – das sogenannte »Latein«- oder »Übersetzungsdeutsch« (z. B. *post reges exactos* »nach den vertriebenen Königen«): Diese Übersetzungsart ist häufig besonders struktur-äquivalent und am lateinischen Wortlaut orientiert.

Übersetzungsarten im Lateinunterricht:
a) mündliche Roh-/Arbeitsübersetzung (besonders struktur-äquivalent)
b) schriftliche »Normal«-Schüler-Übersetzung (meist struktur-äquivalent)
c) schriftliche zielsprachengerechte Übersetzung (semantisch-/pragmatisch-äquivalent)

Die mündliche Rohübersetzung a) ist eher als Verständnishilfe und Kommunikationsgrundlage im Unterrichtsgespräch zu betrachten. Sie lässt sich ebenso

---

18 Kuhlmann 2019: 41.

wie b) als »didaktische Übersetzung«[19] bezeichnen. Dagegen dürfte c) für einen großen Teil der Lateinlernenden eher den »Goldstandard« darstellen, der beachtliche Kompetenzen in der Zielsprache erfordert. Dies gilt jedoch v. a. für die aktive Produktion einer solchen Übersetzung. Es ist hingegen durchaus möglich und für die Sprachbildung förderlich, den Lernenden vorhandene (publizierte, selbst angefertigte) Übersetzungen dieser Art zu präsentieren, mit denen sie weiterarbeiten können: entweder durch Abgleich zwischen dem Original und ihrer eigenen Schülerübersetzung oder durch Vergleich verschiedener gedruckter Übersetzungen untereinander. Dies kann das Textverständnis in Richtung Interpretation vertiefen und zugleich den Fokus auf ein eher literarisches Sprachregister im Deutschen lenken, das nicht allen Schülerinnen und Schülern aktiv zur Verfügung steht. In den älteren und aktuellen Curricula ist dieser Aspekt regelmäßig mit eigenen Kompetenzen ausgewiesen; allerdings spielt der Übersetzungsvergleich in der Unterrichtsrealität bislang kaum eine Rolle, obgleich dieses Aufgabenformat sehr gut für Interpretationsaufgaben und die Leistungsbeurteilung genutzt werden kann (Praxisbeispiele s. u. 3.2.4).

2.4 Schwierigkeitsgrade von Texten bestimmen

Ganz allgemein bemisst sich die Schwierigkeit eines Textes nach seinen textinhärenten Merkmalen Lexik, Grammatik sowie Komplexität des Inhalts. Für die Textrezeption kommt natürlich die Leseerfahrung des Textbenutzers hinzu, die wesentlich zu einem besseren oder schlechteren Verstehen beitragen kann[20]:

```
            Vorwissen/Erfahrung

    Lexik   <✧>   Inhalt/Struktur

             Grammatik
```

Für den Lateinunterricht hat Wittich ein entsprechendes Messmodell vorgeschlagen, das die skalierbaren Faktoren »Wortschatz«, »Grammatik« und »Sachwissen« umfasst, mit denen eine Lehrkraft den Schwierigkeitsgrad je nach Parameter unterschiedlich einschätzen kann[21]: Texte können tatsächlich wegen

---

19 Kuhlmann 2020: 230.
20 Vgl. ähnlich Leisen 2013, I: 115–117.
21 Wittich 2015: 76–79.

ihres kleinen und hochfrequenten Wortschatzes lexikalisch leicht, aber dennoch grammatikalisch oder inhaltlich schwer verständlich sein (z. B. Caesars *Bellum Gallicum* für viele Lernende). Ältere Modelle[22] versuchten, die Textschwierigkeit mithilfe einer Formel genau zu berechnen, berücksichtigten dabei allerdings einseitig nur die Anzahl von grammatikalischen Phänomenen pro Wortzahl[23]. Eine neue Berechnungsformel stammt von einer Arbeitsgruppe um Horstmann/Korn[24], die allerdings wegen der Berücksichtigung zusätzlicher sprachlicher Faktoren (u. a. Textstruktur, Lexik, Pragmatik) in der Anwendung noch recht komplex ist.

In der Linguistik gibt es die Kategorien:
a) **Leserlichkeit**: Wie gut ist der Text typographisch rezipierbar (Schriftgröße, Zeilenlänge, Satzzeichen u. ä.)?
b) **Lesbarkeit**: Ein sogenannter Lesbarkeitsindex (LIX) berechnet die Zahl der Informationen pro Wort sowie die Wort- und die Satzlänge; für das Lateinische, das anders als Englisch pro Wort oft viele Informationen kompakt vereint (*audiverat* ~ 1 Wort vs. *he had heard* ~ 3 Wörter für die drei Informationen: [hör-] + [er] + [Plpf.]), ergibt sich immer ein hoher Schwierigkeitsgrad, zumal die Wörter oft vergleichsweise lang sind.
c) **Verständlichkeit**: Dies bezieht sich auf die semantische Struktur des Textes. Argumentative/abstrakte Texte sind meist schwerer als narrative/konkrete.

Im Ergebnis ist es nach wie vor nicht leicht, den Schwierigkeitsgrad lateinischer Texte genau zu *berechnen*. Allerdings können Lehrkräften die o. g. Parameter immerhin für eine grobe Orientierung nutzen, um unterschiedliche Texte in puncto Schwierigkeitsgrad zu vergleichen oder zu skalieren. Ein wesentliches Problem sind das Vorwissen und die Leseerfahrung der Lernenden, die eben nicht genau berechnet werden können. Ein wichtiger Punkt ist schließlich die konkrete Aufgabenstellung für die Textarbeit, denn nicht unbedingt der Text selbst macht die Arbeit für Lernende schwer oder leicht, sondern vor allem die zu lösenden Aufgaben. So macht es einen großen Unterschied, ob Lernende mit einem bekannten oder einem unbekannten Text arbeiten müssen. Ebenso ist die schriftliche Rekodierung für die meisten Lernenden die schwierigste Aufgabe, während dagegen die o. g. Erschließungs-Aufgaben deutlich leichter sein können[25]:

---

22 Maier 1988; Bayer 2003.
23 Vgl. auch neuerdings Beyer 2018.
24 Horstmann/Korn (2020).
25 Vgl. auch Langer/Schulz von Thun 2019: 19–38.

eher leicht	eher schwer
optimale Typographie	ungünstige Typographie
bekannter Text Lehrbuchtext/Kunstlatein bekannter Inhalt (Vorwissen) konkreter Inhalt roter Faden erkennbar Redundanzen bekanntes Vokabular monoseme Lexik eher kurze Sätze	unbekannter Text Originaltext unbekannter Inhalt (kein Vorwissen) abstrakter/argumentierender Inhalt kein roter Faden, inhaltliche Brüche inhaltliche Dichte (kein Wort zuviel) unbekanntes Vokabular polyseme Lexik lange und komplexe Sätze
einfache Aufgaben (erschließen) gutes Strategiewissen (Vorwissen)	komplexe Aufgaben (rekodieren) fehlendes Strategiewissen

Diese an Langer/Schulz von Thun angelehnte Übersicht gilt im Übrigen nicht nur für lateinische, sondern in vieler Hinsicht ebenso für deutsche Sachtexte in den Lehrwerken. Entsprechend ist sie für Lehrkräfte für eine entsprechende Einschätzung vor dem Einsatz im Unterricht als Checkliste nutzbar. Sie kann zudem von Lehrkräften für die Produktion eigener lateinischer Texte (Klassenarbeiten) genutzt werden.

3. Texterschließung in der Unterrichtspraxis: Aufgabentypen und Fallbeispiele

Die grundlegende Unterscheidung von *sprachlichem* und *inhaltlichem* Verstehen sollte sich zumindest grundsätzlich auch in der konkreten Anlage von Aufgaben widerspiegeln – entsprechend bieten wir im Folgenden einen Überblick über die jeweils wichtigsten Aufgabentypen.

Darunter finden sich viele bekannte Aufgabentypen aus dem Bereich der Textvorerschließung, zum anderen aber auch neuere, noch wenig verbreitete Formate, die vor allem das Ziel der Sprachbildung stärker in den Blick nehmen. Ein Aspekt, der bei allen Aufgaben eine wichtige Rolle spielt und immer mitgedacht werden sollte, ist zudem, das Arbeitsgedächtnis der Lernenden nicht zu überlasten – entsprechend werden Möglichkeiten zur Entlastung des Arbeitsspeichers (z. B. durch Textformatierung oder *scaffolding*) ausführlich besprochen.

3.1 Metakognition: vor der Lektüre *(pre-reading activities)*

Bevor Schülerinnen und Schüler einen lateinischen Text lesen, können sie mit den in Lehrbüchern und Textausgaben bereitgestellten Hilfen bereits eine Vorstellung vom Text bekommen und eine entsprechende Leseerwartung aufbauen. Allerdings nutzen sehr viele Lernende die Hilfen nur unzureichend. Gezielte Aufgaben können hier zu einem besseren Text-Vorverständnis verhelfen, v. a. wenn sie regelmäßig vor der Lektüre eingesetzt werden. Zudem können sie als eigenständige Verstehensleistungen in Testsituationen abgeprüft werden. Von Kühne stammt ein Aufgabenkatalog, aus dem man ausgewählte Aufgaben zur Orientierung nutzen und variieren kann[26]:

---

26 Kühne 2017: 18.

Standardaufgaben-Pool zur Vorentlastung (J. Kühne)
- Welche Informationen gibt dir die Textumgebung (Überschrift, Einleitungstext, Bild)?
- Welche Ausdrücke im Text passen zur Überschrift?
- Welche Personen kommen im lateinischen Text vor?
- An welchen Orten spielt der Text?
- Welchen Hinweis zu Inhalt/Textsorte liefern die Personalendungen und Tempora der Prädikate?
- Welche Nomina und welche Verben kommen mehr als einmal im Text vor – welchen Handlungsverlauf kannst du daraus ableiten?

Der Katalog führt teilweise bereits in die eigentliche Lektürephase *(while-reading)* hinein. Aufgaben dieser Art lassen sich im Übrigen auch als Vorentlastung vor einer Übersetzungsphase nutzen. In Klassenarbeiten, die Textaufgaben *ohne* Rekodierung enthalten sollen, können mehrere solcher Aufgaben oder alle zum Einsatz kommen und jeweils verpunktet werden. Die Aufgaben verzichten bewusst auf Operatoren, sondern arbeiten mit W-Fragen, die für jüngere Lernende oft leichter verständlich sind und meist nur kurze, stichpunktartige Antworten verlangen. Die Lehrkraft sollte solche Aufgabenkataloge vorab im Unterricht besprechen und gegebenenfalls anhand einer Musterlösung ihren Erwartungshorizont transparent machen.

Ein Anwendungsbeispiel für die frühe Lehrbuchphase (VIVA):

> *Strategiewissen:* Vorgegebene Informationsträger heranziehen (Bilder, Überschrift, Vorspann etc.) und Vorerwartung aufbauen.
>
> **Aufgaben (zum orientierenden Lesen)**
> 1. Lies die Überschrift und den deutschen Vorspann: Worum geht es in dem Text – was weißt du über römische Wagenrennen?
> 2. Recherchiere ein Bild vom Circus Maximus und beschreibe kurz die Bestandteile eines römischen Circus.
> 3. Überfliege den lateinischen Text und achte auf die Satzzeichen: Um welche Textsorte handelt es sich?
> 4. Lies dir die Vokabelhilfen unter dem Text durch und markiere im lateinischen Text die entsprechenden Stellen: Was kannst du schon über den Textinhalt erkennen? *[unten im Text sind Markierungen als Erwartungshorizont vorgenommen]*
>
> **Wagenrennen (Zusatztext aus VIVA, Lektion 5)**
> *Im weiteren Verlauf der Säkularfeierlichkeiten besuchen die Silicii auch ein Wagenrennen. Dieser »Sport« gehört zu den beliebtesten Freizeitvergnügungen in Rom. Sextus und seine Kinder sind Anhänger des Wagenlenkers Polynices und seiner Pferde, der »Grünen«.*
>
> Hodiē multī hominēs in Circum Maximum[1] veniunt:
> Syrum et Polynīcem et equōs[2] bonōs vidēre cupiunt. Syrus et Polynīcēs aurīgae[3] magnī sunt.
> Iam equī[2] in campō stant, imperātor sīgnum dat; tum equī[2] currere incipiunt.
> Populus equōs[2] et virōs multīs verbīs incitat: »Petite adversāriōs, Syre et caeruleī[4]!« – »Viridēs[5], currite!«
> Etiam Sextus Silicius cum līberīs adest et spectat. Magnā vōce cum turbā clāmat:
> »Polynīcēs et viridēs[5], currite, venīte! Equōs[2] flagellō[6] verberā, Polynīcēs!«
> Tandem Polynīcēs audit, equōs[2] vī verberat, equī[2] pārent.
> Subitō autem equī[2] Polynīcis[7] nōn iam pārent, resistunt. Polynīcēs in campum cadit[8], iacet.
> Populus »Iō[9], iō, Syre et caeruleī[4]!« clāmat. Sed Sextus Silicius nōn gaudet.
>
> **1 Circus Maximus:** Circus Maximus – **2 equus:** Pferd – **3 aurīga** *m.:* Wagenlenker – **4 caeruleī:** die »Blauen« – **5 viridēs:** die »Grünen« – **6 flagellum:** Peitsche – **7 Polynīcis:** des Polynices – **8 cadere:** fallen – **9 iō:** hurra.

Zu Aufgabe 4 sind hier im Text bereits als Erwartungshorizont die entsprechenden Wörter markiert: Die Lernenden nutzen so vor dem eigentlichen Einstieg in die Textlektüre bereits die (häufig übersehenen!) Vokabelhilfen wirklich und können zusammen mit dem deutschen Vorspann tatsächlich schon viel über den Textinhalt erfahren. Wenn sie beim Markieren etwas links und rechts der Wörter schauen (z. B. *equi currere viridēs, currite*), erkennen sie bereits das Rennen der Pferde, was wiederum an ihr Vorwissen zum Thema Circus anschließt.

Für die Originallektüre lassen sich vergleichbare Aufgaben ebenfalls einsetzen, wie ein Beispiel aus Livius (1,7) zeigt.

> *Strategiewissen: Vorgegebene Informationsträger heranziehen (Bilder, Überschrift, Vorspann etc.) und Vorerwartung aufbauen.*
>
> **Aufgaben (zum orientierenden Lesen)**
> 0. (Wenn Livius sonst kein Lektüre-Thema ist:) Informieren Sie sich über Livius und seine Werk-Gattung: Welche Textsorte liegt hier vor?
> 1. Lesen Sie die Überschrift und den deutschen Vorspann: Beschreiben Sie kurz Ihre Leseerwartung. Informieren Sie sich gegebenenfalls über die Figur des Remus.[27]
> 2. Überfliegen Sie den lateinischen Text und markieren Sie Wörter/Textstellen, die Informationen des deutschen Vorspanns aufgreifen. *(unten im Text sind Markierungen als Erwartungshorizont vorgenommen)*
> 3. Gehen Sie die Vokabelangaben durch und vervollständigen Sie Ihre Vorerwartung: Welchen Teil des Romulus-Mythos schildert Livius hier offensichtlich?
>
> **Wie starb Remus?**
> *Romulus und Remus streiten sich darum, wer von ihnen die neue Stadt gründen darf. Der römische Historiker Livius berichtet dazu folgende Geschichte:*
>
> Priori Remo augurium venisse fertur: sex voltures *(Geier)*.
> Iamque nuntiato augurio,
> cum duplex *(doppelt)* numerus Romulo se ostendisset,
> utrumque regem sua multitudo consalutaverat.
> Inde cum altercatione *(Streit)* congressi
> certamine irarum ad caedem *(Totschlag)* vertuntur;
> ibi in turba ictus *(getroffen)* Remus cecidit.
> Vulgatior fama est
> ludibrio *(Verspottung)* fratris
> Remum novos transiluisse *(überspringen)* muros;
> inde Remum ab irato Romulo,
> cum verbis quoque increpitans *(verhöhnen)* adiecisset:
> »Sic deinde <interficietur>,
> quicumque alius transiliet moenia mea,«
> interfectum esse.

Eine wichtige Voraussetzung ist die typographische Aufbereitung – hier durch Kolometrie und im Text integrierte Vokabelangaben. So wird das Arbeitsgedächtnis deutlich weniger beim Erkennen und Überfliegen der einzelnen Kola sowie der Orientierung anhand der Lexik belastet: Wenn der Blick für die Vokabelangaben den Text selbst verlassen muss, um entweder in einer rechten Spalte oder gar unter dem Text nachzuschauen, wird die natürliche Augenbewegung beim Querlesen von Texten unterbrochen, was eine orientierende Lektüre naturgemäß erschwert.

---

27 Denkbar ist im Übrigen die Nutzung einer gedruckten Übersetzung vor der Arbeit mit dem lateinischen Text.

Hilfen und Vokabelangaben können ebenso *supra lineam* erscheinen, was jedoch meist mehr Platz benötigt:

>   *Götterzeichen*   *wird berichtet*
> Priori Remo augurium venisse fertur:
>   *Geier*
> sex voltures.
>   *Götterzeichen*
> Iamque nuntiato augurio,
>   *doppelt*
> cum duplex numerus Romulo se ostendisset, …

Ob die Angaben im Text oder über den Zeilen leserfreundlicher sind, scheint v. a. eine Geschmackssache zu sein, wie Befragungen gezeigt haben. In jedem Falle erhöhen sowohl Kolometrie und integrierte Hilfen die Leserlichkeit eines Textes enorm (vgl. oben 2.4), wie sich leicht im Experiment nachweisen lässt oder auch die Leseprobe ohne entsprechende Aufbereitung zeigt (»Normal«-Text der Oxford-Ausgabe):

> Priori Remo augurium uenisse fertur, sex uoltures. Iamque nuntiato augurio cum duplex numerus Romulo se ostendisset, utrumque regem sua multitudo consalutauerat.
> Inde cum altercatione congressi certamine irarum ad caedem uertuntur; ibi in turba ictus Remus cecidit. Vulgatior fama est ludibrio fratris Remum nouos transiluisse muros; inde Remum ab irato Romulo cum uerbis quoque increpitans adiecisset: »Sic deinde, quicumque alius transiliet moenia mea,« interfectum.

3.2 Texte sprachlich erschließen

3.2.1 Textsorten und Textmerkmale erkennen (orientierendes Lesen)

Zur sprachlichen Erschließung eines Textes kann die Bestimmung der Textsorte anhand bestimmter sprachlicher Merkmale gehören. Besonders die Verbformen sind hier aufschlussreich:
- Ein Wechsel zwischen Vergangenheitstempora und (dramatischem/historischem) Präsens sowie Prädikate in der 3. Person verweisen auf erzählende Texte.
- Ein durchgehendes Präsens mit Prädikaten in der 3. Person kann auf erklärende und beschreibende Texte verweisen.
- Dialogische Texte und Briefe können alle Tempora enthalten und weisen in der Regel alle drei Personen in den Prädikaten auf.
- Echte Dialoge sind wiederum von Briefen durch typographische Merkmale und Marker für die direkte Rede abgrenzbar.

Texte sprachlich erschließen

– Doch auch erzählende Texte können eingelegte direkte Rede(n) enthalten. Briefe wiederum enthalten rahmende Elemente (Anrede, Gruß- und Abschiedsformel).

Es kann für Lernende im Sinne der Sprachbewusstheit hilfreich sein, diese grundlegenden Textmerkmale anhand kurzer deutscher Texte einmal grundsätzlich zu systematisieren, z. B.:

Aufgaben
1. Lies die Texte durch und ordne sie den Textsorten *Brief – Dialog – Erklärung – Erzählung* zu.
2. Erkläre, woran du die Textsorte jeweils erkennst: Du kannst dabei besonders auf die Verbformen und Satzzeichen in den Texten achten.

	Textsorte[28]	Beispiel
Textsorten erkennen und bestimmen	[Erzählung]	Romulus und Remus wollten eine neue Stadt gründen, aber sie stritten sich darüber, wer Stadtgründer sein sollte. Um die Sache zu entscheiden, befragten sie mithilfe der Vogelschau die Götter. Plötzlich erscheinen dem Remus sechs Geier und er ruft: »Ich bin der Stadtgründer!« ...
	[Dialog]	Romulus schrie: »Ich will die neue Stadt allein gründen!« Remus antwortete: »Was du nicht sagst. Wenn ich deine lächerlichen Mauern sehe, habe ich große Zweifel.« Romulus warnte ihn: »Spring ja nicht über meine Mauern!«
	[Brief]	Lieber Romulus! Wie ich gehört habe, hast du dich mit deinem Bruder heftig gestritten. Darüber bin ich sehr traurig. Wollt ihr nicht zu zweit die neue Stadt gründen? Dann wird die neue Stadt vielleicht noch viel mächtiger? Überlegt euch das, bevor noch Schlimmeres passieren wird. Liebe Grüße von deiner Ziehmutter Acca Laurentia.
	[Erklärung, Beschreibung]	Der Mythos von Roms Stadtgründung stammt vermutlich aus Griechenland. Es gibt mehrere unterschiedliche Fassungen der Geschichte: Teilweise tötet Romulus seinen Bruder im Streit, in anderen Versionen kommt Remus unter ungeklärten Umständen ums Leben ...

Zur Einführung der Fachtermini sollten die entsprechenden Textsorten als »Wortspeicher« *(scaffolding)* in der Aufgabenstellung genannt werden, damit die Lernenden nicht orientierungslos raten müssen.

---

28 In der Tabelle ist die Textsorte als Musterlösung angegeben.

Wenn die Termini und Kategorien eingeführt oder bekannt sind, können die Lernenden lateinische Texte nach entsprechenden sprachlichen Markern analysieren und so bereits eine grobe Einordnung des Textes vornehmen. Aufgaben hierzu lassen sich in Leistungskontrollen entsprechend für eine Positivkorrektur verpunkten.

In Anlehnung an den o. g. Aufgabenkatalog von Kühne[29] lassen sich Lehrbuchtexte wie folgt bearbeiten (vgl. VIVA L. 9 Zusatztext):

Kompetenz(en): Anhand sprachlich-typographischer Merkmale die Textsorte bestimmen und vorherrschende Textmerkmale (Personalmorpheme etc.) herausarbeiten	**Aufgaben** 1. [*inhaltliche Erschließung:* Sieh den Text durch und sammle Ausdrücke, die zur Überschrift passen.] 2. *sprachliche Erschließung:* Bestimme die Textsorte, indem du besonders auf die Personalformen und Tempora der Prädikate achtest. **Dädalus und Ikarus** *Am Abend erzählt Aurelius …* Daedalus iam diū cum Īcarō fīliō in Crētā[1] habitābat. Mīnōs, rēx Crētae[1], nōn cupiēbat patrem et fīlium Crētam[1] relinquere. Sed Daedalus dolum invēnit: ›Īcare‹ inquit ›quod iam diū sine[2] familiā hīc habitāmus, laetī esse nōn possumus … Rēgem et īnsulam relinquere dēbēmus. Itaque venī mecum per āera[3]!‹ Iam puerō placet cum patre per āera[3] volāre … **1 Crēta,** ae: Kreta *(griechische Insel)* – **2 sine** *(+ Abl.):* ohne – **3 per āera:** durch die Luft

Der Text ist als Erzählung mit integrierter direkter Rede leicht erkennbar. Die Hauptpersonen Dädalus und Ikarus werden gleich in der Überschrift genannt und erscheinen im Text u. a. als *Daedalus …cum Icaro filio – patrem et filium – Daedalus (dolum invenit)* etc.; die Verbformen in den erzählenden Passagen sind in der 3. Person und teilweise in Vergangenheitstempora *(habitābat)* und Präsens *(placet)*. Aus den Aufgaben ergibt sich ein Übergang von der Orientierung über den Text hin zu einem selektiven Lesen und Textverstehen: Wenn der Mythos bekannt ist, können die Schülerinnen und Schüler einzelne Informationen zu den Teilen der Geschichte aufnehmen.

Bei der Lektüre von Originaltexten sind Textsorte und Gattung in der Regel im Voraus bekannt. Dort kann entsprechend ein Teil der Aufgabenstellung darin bestehen, die entsprechenden Merkmale im Text *nachzuweisen*, was als Aufgabe im Anforderungsbereich I einsetzbar ist.

---

29 Kühne 2018:18.

3.2.2 Texte grammatikalisch erschließen (selektives Detailverstehen)

a) Morphologische Ebene: Formen erkennen und verstehen

Formenspeicher

Viele Lernende bestimmen bei der Texterschließung und Übersetzung die hier relevanten Personalmorpheme nicht korrekt und neigen häufig dazu, z. B. alle finiten Verbformen als 3. Person zu analysieren. Die o. g. Erschließungsaufgabe kann eine Möglichkeit sein, die Aufmerksamkeit auf die richtige Bestimmung zu lenken. Leichter ist zur richtigen funktionalen und semantischen Bestimmung der Verbformen eine zusätzliche Unterstützung durch vorgegebene deutsche Formenspeicher, die nicht nur bei der sprachlichen Erschließung, sondern auch bei einer Übersetzung eines Textes helfen:

Kompetenz: Textmerkmale (Personalmorpheme, Tempora) nachweisen und für die Erschließung/Übersetzung nutzen.

Aufgaben
1. Markiere die Verbformen im Text.
2. Ordne die deutschen Formen aus dem Formenspeicher den lateinischen Verbformen zu (schreibe sie jeweils über die Zeile). *[hier mit den ersten vier Lösungen]*
3. Bestimme nun die Textsorte.
4. *[inhaltliche Erschließung: Welche Hinweise liefern dir die Verbformen zum Inhalt der Geschichte?]*

Dädalus und Ikarus
Am Abend erzählt Aurelius ...

                              [wohnte]
Daedalus iam diū cum Īcarō filiō in Crētā[1] habitābat.
               [wollte]   *[verlassen]*
Mīnōs, rēx Crētae[1], nōn cupiēbat patrem et filium Crētam[1] relinquere.
             [fand]
Sed Daedalus dolum invēnit:
›Īcare‹ inquit ›quod iam diū sine[2] familiā hīc habitāmus, laetī esse nōn possumus ... Rēgem et īnsulam relinquere dēbēmus. Itaque venī mecum per āera[3]!‹
Iam puerō placet cum patre per āera[3] volāre ...

1 Crēta, ae: Kreta *(griechische Insel)* – **2 sine** *(+ Abl.):* ohne – **3 per āera:** durch die Luft

Deutscher Formenspeicher (mit Distraktoren)
(er) wollte – (er) wohnt – verlassen – (er) wohnte – fand – du wohnst – (er) sagte – wir wohnen – (er) kann – wir müssen – wir können – fliegen – es gefällt

---

Noch einfacher ist die Aufgabe, wenn sie keine falschen Formen (Distraktoren) enthält. Diese Art Wortspeicher fungiert nicht zuletzt als eine indirekte Form der Vokabelhilfe und dient somit auch der inhaltlichen Erschließung von Texten. Solche Formenspeicher können weiter für andere wichtige Satzglieder genutzt werden, z. B. für Subjekte oder auch für Objekte an Satzanfängen, die Lernende in dieser Position häufig als Subjekte fehlinterpretieren, hier z. B.: *den König und die Insel* als Teil des Formenspeichers, um eine Bestimmung von *regem* als Subjekt bzw. »der König« zu vermeiden (falsche Übersetzung: »Der König muss auch die Insel verlassen«).

Für kürzere Textabschnitte könnte überhaupt ein tabellarischer Formenspeicher vorgegeben werden, der etwa die Subjekte (oder Handlungsträger) und die Prädikate vorgibt, die die Lernenden dann den jeweiligen lateinischen Formen zuordnen und über die jeweiligen lateinischen Entsprechungen schreiben können. Dieses kleinschrittige Verfahren mit einem Formenspeicher als *scaffolding* hilft nicht nur, inhaltlichen Missverständnissen vorzubeugen, sondern kann zudem die richtige Übersetzung unterstützen. Bei dem Dädalus-Text wäre entsprechend als Formenspeicher (mit Distraktoren) denkbar:

Formenspeicher (mit richtigen und falschen Formen!)
Subjekte: (der) Minos – (der) Dädalus – (der) Ikarus – der Sohn – Kreta – die Familie … Prädikate/Verbformen: wir verlassen – wohnte – verließ – wollte – fand – verlassen – komm – wir wohnen – kommt …

So passt die Aufgabe gut zu einem Teilaspekt des klassischen (auch: linearen) Dekodierens, bei dem die Schülerinnen und Schüler zur Erschließung des Textes die Subjekte und Prädikate in einem ganzen Text heraussuchen müssen[30]. Diese Aufgabe kann allerdings manche Lernende überfordern und bewegt sich zudem einseitig auf einer formal-strukturellen Ebene. Es lässt sich beobachten, dass viele Lernende zwar eifrig einen ganzen Text nach Subjekten und Prädikaten durchforsten, der Textinhalt allerdings ausgeblendet bleibt. Dies lässt sich nicht zuletzt durch das einseitig belastete Arbeitsgedächtnis erklären, das von einer formalen Operation (Satzgliedsuche) absorbiert ist und nicht gleichzeitig auf den Inhalt achten kann. Die vorgegebenen Übersetzungen im deutschen Formenspeicher kompensieren diesen Nachteil des klassischen Dekodierens nach Satzgliedern und geben bereits wichtige inhaltliche Informationen vor.

Für Lehrkräfte ist das Verfahren im Lehrbuchunterricht in der Regel gut einsetzbar, weil die Lektionstexte häufig über einen Download-Bereich der Schulbuchverlage digital verfügbar sind. In diesem Fall müssen nur die Zeilenabstände so vergrößert werden, dass die Lernenden in den Text hineinschreiben können. Außer der Erstellung des Formenspeichers ist weiter keine typographische Arbeit am Text erforderlich. Das Verfahren lässt sich für den unmittelbaren Anfangsunterricht zur Einübung von Kasus, Verbformen und Satzgliedern sowie deren semantischer Funktion einsetzen, dazu im Förderunterricht für sprachschwache

---

30 Vgl. zum ganzen Verfahren Glücklich 1987; 2008: 65–75.

Lernende – gegebenenfalls für Lernende nichtdeutscher Muttersprache, die Probleme mit der Flexion deutscher Formen haben. Schließlich ist das Verfahren gut geeignet für eine (Binnen-)Differenzierung mit gestuften Anforderungen: Ein erster Abschnitt des Textes kann mit Hilfen/*scaffolding* und entsprechenden Formenspeichern versehen werden, während der zweite Teil des Textes ohne solche Hilfen zu bearbeiten ist.

Zweisprachige Textpräsentation
Mithilfe teilweise synoptisch-zweisprachiger Texte können viele grammatikalische Details eines Textes erschlossen werden. Hier dient dann nicht die selektive Bestimmung bestimmter grammatikalischer Merkmale in einem Text zur Konstruktion einer ganzheitlichen Textbedeutung *(bottom up)*. Vielmehr erhalten die Lernenden umgekehrt durch die Teilübersetzung eine recht vollständige Information zur Textsemantik und erschließen daraus die Details *(top down)*. Auch hier sind wieder unterschiedliche Skalierungen des Anforderungsniveaus denkbar – je nachdem, ob Textlücken frei oder als Auswahlübung zu füllen sind. Zunächst ein Beispiel für die Verbformen[31], bei dem die zu übersetzenden lateinischen Textsegmente *nicht* markiert sind:

Kompetenz: Finite Verbformen im Textkontext identifizieren/Teilübersetzungen produzieren	**Aufgabe** Fülle die Lücken mit den richtigen Verbformen im Deutschen aus. **Dädalus und Ikarus**	
	Daedalus iam diū cum Īcarō fīliō in Crētā habitāre dēbēbat. Mīnōs, rēx Crētae, nōn cupiēbat patrem et fīlium Crētam relinquere. Sed ā Daedalō dolus iam inventa erat: ›Īcare‹ inquit ›iam diū sine familiā hīc habitāmus et laetī esse nōn possumus. Sed cupiō fīlium meum laetum esse …	*Fülle die Lücken mit den richtigen Verbformen im Deutschen:* Dädalus ____ mit seinem Sohn schon lange auf Kreta leben. Der kretische König Minos ____ nicht, dass Vater und Sohn Kreta ____. Aber von Dädalus ____ schon eine List ____. Er sagte: »Ikarus, ____ schon lange ohne Familie hier und ____ nicht glücklich sein. Aber ____, dass mein Sohn glücklich ist …

---

31 Vgl. Kuhlmann 2017.

	Unterstreiche die richtige Variante:
Daedalus iam diū cum Īcarō fīliō in Crētā habitāre dēbēbat. Mīnōs, rēx Crētae, nōn cupiēbat patrem et fīlium Crētam relinquere. Sed ā Daedalō dolus iam inventa erat: ›Īcare‹ inquit ›iam diū sine familiā hīc habitāmus et laetī esse nōn possumus. Sed cupiō fīlium meum laetum esse ...	Dädalus *muss/musste* mit seinem Sohn schon lange auf Kreta leben. Der kretische König Minos *will/wollte* nicht, dass Vater und Sohn Kreta verlassen. Aber von Dädalus *ist/war* schon eine List gefunden worden. Er sagte: »Ikarus, *du lebst/wir leben* schon lange ohne Familie hier und *du kannst/wir können* nicht glücklich sein. Aber *ich will/ich wollte*, dass mein Sohn glücklich ist ...

In der Praxis (im Rahmen empirischer Masterarbeiten) hat sich freilich dieses Aufgabenformat des Lückentextes als nicht besonders beliebt bei Lernenden herausgestellt.

Eine vergleichbare Erschließungsaufgabe lässt sich für den präpositionslosen Ablativ durchführen, dessen Funktion sich lediglich durch den Kontext bestimmen lässt. Auch hier ist eine schwierigere und eine leichtere Niveaustufe möglich – hier *mit* Markierung der relevanten lateinischen Ausdrücke[32]:

	Aufgabe Fülle die Lücken mit passenden Ablativ-Übersetzungen aus.	
Kompetenz: Ablativ im Satzkontext angemessen übersetzen	Milites magna audacia pugnaverunt. Civitas virtute militum gavisa est et exercitui multis donis gratias egit. Etiam postero tempore cives virtutem militum saepe laudabant.	Die Soldaten kämpften _____. Der Staat freute sich _____ der Soldaten und dankte dem Heer _____. Auch _____ lobten die Bürger oft die Tapferkeit der Soldaten.
	Milites magna audacia pugnaverunt. Civitas virtute militum gavisa est et exercitui multis donis gratias egit. Etiam postero tempore cives virtutem militum saepe laudabant.	Die Soldaten kämpften *durch große Tapferkeit/mit großer Tapferkeit*. Der Staat freute sich *durch/über/mit die/der Tapferkeit* der Soldaten und dankte dem Heer *durch/mit viele/n Geschenke/n*. Auch *durch/in/mit die/der spätere/n Zeit* lobten die Bürger oft die Tapferkeit der Soldaten.

---

32 Vgl. Kuhlmann/Horstmann 2018: 67 f.; Trompke/Korn II: 2019: 4–10.

Die Auswahlübung kann insbesondere für Lernende mit Migrationshintergrund leichter sein, weil hier bereits Formulierungsmöglichkeiten mit der richtigen Kasusflexion im Deutschen vorgegeben sind.

b) Syntaktische Ebene: Wortgruppen und Kola abgrenzen
Wortgruppen
Nach der Dekodierung der morphologischen Elemente erfolgt bei der Rezeption sprachlicher Äußerungen die Dekodierung der syntaktischen Informationen und die Zuordnung der sprachlichen Einheiten zu Wortgruppen (Satzgliedern) und satzwertigen Einheiten. Das ist nicht immer leicht, wie folgendes Beispiel zeigt:

Iulia pulchra dona accepit
»(Die hübsche?) Iulia bekam (hübsche?) Geschenke«

In der Regel sind solche Fälle natürlich die Ausnahme und die Abgrenzung der Wortgruppen kann aufgrund der morphologischen Informationen oder des Kontextes eindeutig erfolgen. So bedeutet etwa *tertia hora magister intravit* in der Regel »zur dritten Stunde kam der Lehrer herein« und nicht »die dritte Stunde kam als Lehrer herein«.

Als Teil der Satz- und Texterschließung sind Aufgaben einsetzbar, bei denen entweder die Lernenden selbst eine Abgrenzung von Wortgruppen vornehmen (schwieriger) oder eine entsprechende Segmentierung als typographische Hilfe zum Satzverstehen oder Übersetzen vorgegeben ist (leichter)[33].

Variante a): Wortgruppen erkennen und markieren

Kompetenz: Wortgruppen richtig abgrenzen	Aufgaben
	1. Lies den Text durch.
	2. Markiere die Wortgruppengrenzen – orientiere dich am Beispiel des ersten Satzes.
	3. Übersetze anschließend den Text.
	Theseus
	Theseus | in parva insula Naxo | ingenti tempestate | retentus | cogitavit: »Si Ariadnem in patriam portabo, mihi magnum opprobrium erit.« Itaque in illa insula dormientem reliquit; Ariadnem cupidissimus Liber deus sibi in coniugium abduxit. Theseus autem cum iter celeri nave faceret, oblitus est vela atra mutare ...

---

33 Hey et al. 2016: 40; vgl. Niemann 1987.

Variante b): Wortgruppengrenzen als Verständnis- oder Übersetzungshilfe nutzen

Kompetenz: Wortgruppen übersetzen/Satz-übersetzung aus Wortgruppen produzieren	**Aufgaben** 1. Lies den Text mit den markierten Wortgruppen zunächst durch. 2. Formuliere eine (vorläufige) Übersetzung der Wortgruppen – orientiere dich am ersten Satz. 3. Produziere anhand der Wortgruppenübersetzungen einen verständlichen deutschen Text. **Theseus** *Theseus | auf der kleinen Insel N. | durch einen ungeheuren Sturm | festgehalten |* Theseus | in parva insula Naxo | ingenti tempestate | retentus | *dachte* cogitavit: »Si | Ariadnem | in patriam | portabo, mihi | magnum opprobrium | erit.« Itaque | in illa insula | dormientem | reliquit; Ariadnem | cupidissimus Liber deus | sibi | in coniugium | abduxit. Theseus | autem | cum | iter | celeri nave | faceret, oblitus est | vela atra | mutare. → »Theseus wurde auf der kleinen Insel Naxos von einem ungeheuren Sturm festgehalten und dachte ...«

Variante a) kann leistungsstärkeren Schülerinnen und Schülern helfen, Bezugsfehler zu vermeiden. Hier könnte theoretisch *ingenti* auf *Naxo* oder *Ariadnem* und *cupidissimus* sowie *iter* und *celeri* wegen der Kontaktstellung aufeinander bezogen werden. Die Studie von Florian[34] hat gezeigt, dass Lateinlernende beim Übersetzen intuitiv nach Wortgruppen suchen, allerdings oft die morphologischen Informationen nicht zur richtigen Zuordnung nutzen. Variante b) ist ein kleinschrittiges und in der Praxis bewährtes Verfahren, um lernschwächeren Schülerinnen und Schülern zum einen überhaupt eine Vorstellung von Wortgruppengrenzen und deren Funktion zu vermitteln; zum anderen belastet die sehr kleinschrittige Übersetzungsmethode das Arbeitsgedächtnis nicht übermäßig, weil man von den kleineren Einheiten *(bottom up)* zum Textganzen schreiten kann. Auch hier ist wieder eine gestufte Differenzierung möglich, indem z. B. in Klassenarbeiten der erste Teil des Textes mit und der zweite Teil ohne Wortgruppenmarkierung präsentiert wird. Zudem lässt sich natürlich die Abgrenzung von Wortgruppen als zu verpunktender Aufgabenteil einer Leistungskontrolle einsetzen. Dann muss aber im Unterricht genau besprochen werden, was als Wortgruppe zu gelten hat: So könnte etwa ein AcI als Ganzes eine einzige Wortgruppe bilden.

---

34 Florian 2017: 27–47.

Kolometrie

Die Dekodierung der satzwertigen Einheiten und Kola mit eigenem Verbalkern (sogenannte »Propositionen«) spiegelt sich in den Erschließungsmethoden von Sätzen und Texten wider. Die klassischen Dekodierungsmethoden sehen eigentlich vor, dass die Lernenden selbst Sätze und Texte kolometrisch aufgliedern. Doch in der Praxis wird hier in der Regel differenziert: Entweder erhalten die Lernenden einen kolometrisch angeordneten Text als Arbeitsgrundlage (leichter) oder sie führen die kolometrische Anordnung selbst durch (schwieriger). Letztere Operation ist im Grunde ohne großen Zeitaufwand nur digital an einer elektronischen Tafel *(interactive board)* praktikabel. Überhaupt wird für sprachschwache Lernende eine aktive Anwendung der Kolometrie eine Überforderung darstellen.

Auf der anderen Seite ist ein kolometrisch angeordneter Text eine große Verständnishilfe, die das Arbeitsgedächtnis erheblich entlastet. Das Gehirn kann meist nur 5–7 inhaltliche Einheiten *(chunks)* auf einmal verarbeiten. Praktisch alle lateinischen Texte aus der Antike enthalten auf der Satzebene auch nur Kola mit maximal 5–7 Sinneinheiten – meist weniger. Der Umfang langer Satzperioden täuscht über diese erstaunliche Tatsache hinweg, die auf Erkenntnissen der antiken Rhetorik beruht. Man kann in interessierten Lerngruppen selbst den Test anhand langer Cicero-Perioden durchführen und wird den Befund bestätigt finden. Vermutlich wurde im mündlichen Vortrag (Rede, Rezitation) nach jedem Kolon eine kurze Sprechpause eingelegt, die den Hörenden (und Vortragenden!) eine entsprechende Verschnaufpause gab. Die kolometrische Anordnung bildet nun diese relativ kurzen Informationseinheiten auf Kolon-Ebene direkt ab und erhöht somit die Leserlichkeit und die Lesbarkeit von Texten (s. o. 2.4).

In den Textausgaben zur Anfangslektüre sind mittlerweile kolometrische Anordnungen üblich, oft kombiniert mit weiteren Textmarkierungen und -hilfen (z. B. markierte Subjekte, Prädikate, Subordinatoren, Vokabelhilfen)[35]; Nach der klassischen Kolometrie sollen eingebettete Syntagmen wie Nebensätze oder auch satzwertige Konstruktionen nach rechts eingerückt sein, um so eine entsprechende Verständnis- oder Übersetzungshilfe zu bieten.

---

35 Vgl. auch Kuhlmann 2011: 267 f.

Kolometrie mit Einrückungen:

> Theseus
>   in parva insula Dia ingenti tempestate retentus
> cogitavit,
>   si Ariadnem in patriam portasset,
>   sibi magnum opprobrium futurum esse.
> itaque in illa insula dormientem reliquit;
>   eam Liber deus cupidissimus amans
> inde sibi in coniugium abduxit.
> Theseus autem
>   cum iter celeri nave faceret,
> oblitus est
>   vela atra mutare,
> itaque Aegeus pater eius
>   credens
>   Theseum a crudeli Minotauro esse consumptum
> in mare se praecipitavit.

Die hier vorgenommene Einrückung nach einfacher oder doppelter Einbettung ist sicher für philologisch versierte Leser eine Hilfe. Befragungen von Lehrkräften und Schülern haben aber ergeben, dass sie für die meisten Lernenden irrelevant ist. Das soll nicht bedeuten, sie sei in Textausgaben überflüssig. Allerdings sollte mit der Lerngruppe besprochen werden, ob bei einer *aktiven* Anwendung durch die Lernenden die Einrückungen notwendig sind. Sinnvoll kann eine aktiv durchgeführte kolometrische Anordnung in Lerngruppen mit leistungsstarken Schülern sein: Dann können diese für die gesamte Lerngruppe entsprechende Übersichten erstellen und z. B. über das Intranet der Schule zur Verfügung stellen. Nutzbar sind solche Strukturanalysen besonders für eine kursorische Lektüre und nicht zuletzt für stilistische Analysen, wie etwa der Beginn von Ciceros erster Catilinarischen Rede gut illustriert (Cic. Cat. 1,1):

> Quo usque tandem abutēre, Catilina, patientiā nostrā?
> Quam diu etiam furor iste tuus nos eludet?
> Quem ad finem sese effrenata iactabit audacia?
>
> Nihilne te nocturnum praesidium Palati,
> nihil urbis vigiliae,
> nihil timor populi,
> nihil concursus bonorum omnium,
> nihil hic munitissimus habendi senatus locus,
> nihil horum ora voltusque moverunt?
>   (…)
>   Quid proxima,
>   quid superiore nocte egeris,
>   ubi fueris,

> quos convocaveris,
> quid consilii ceperis,
> quem nostrum ignorare arbitraris?

Hier macht die kolometrische Gliederung die syntaktisch-stilistische Struktur gleich auf den ersten Blick augenfällig. Die Satzzeichen (Fragezeichen) am Ende der Sätze fallen dabei sofort ins Auge und machen den kommunikativ-appellativen Charakter des Textes unmittelbar für den Leser klar. Zugleich macht die Aufgliederung die Beschränkung auf in der Regel drei *chunks* (Fragewort + Subjekt/Objekt + Prädikat) pro Kolon deutlich, obgleich der vierte und der fünfte Satz jeweils eine beachtliche Gesamtlänge aufweisen.

c) Morphologie und Syntax dekodieren: Fehler finden

Für das richtige Satz- und Textverständnis im Detail müssen in der Regel sowohl die morphologische als auch die syntaktische Ebene dekodiert werden. Um ein solches morpho-syntaktisches Satz- und Textverständnis zu dokumentieren, dient im Regelfall die Rekodierung. Gerade die im Lateinunterricht üblichen struktur-äquivalenten Lernerübersetzungen bilden diese Verständnisebene in besonderer Weise ab, erfordern allerdings auch eine aktive Textproduktion im Deutschen.

Eine andere Form der Dokumentation ist das Format von Auswahlaufgaben nach den Kategorien »wahr-falsch« oder die Korrektur morpho-syntaktisch falscher Übersetzungen durch Lernende. Beide Varianten lassen sich je nach eingebauten Fehlern im Schwierigkeitsgrad gut skalieren und können das Anforderungsniveau einer eigenständigen Rekodierung durchaus übertreffen. Die erste Variante kann v. a. für einzelne Sätze oder Segmente (selektives Detailverstehen) eingesetzt werden[36]:

---

36 Vgl. auch Kuhlmann 2017; Brendel/Kuhlmann/Vollstedt 2018: 10 f.

	Aufgaben
Kompetenz: Detaillierte Textinformationen verifizieren	1. Entscheide dich für die richtige(n) Lösung(en) – z. T. sind mehrere Lösungen möglich. 2. (Ggf.: Begründe deine Entscheidung/kommentiere den Fehler.) *Graeci decem annos apud Troiam pugnabant.* richtig falsch Zehn Griechen kämpften jahrelang bei Troja. ☐ ☐ Die Griechen kämpften 10 Jahre bei Troja. ☐ ☐ Die Griechen hatten 10 Jahre bei Troja gekämpft. ☐ ☐ *Fortissimi viri inter eos erant.* Es waren tapfere Männer unter ihnen. ☐ ☐ Es waren sehr tapfere Männer unter ihnen. ☐ ☐ Unter ihnen waren die tapfersten Männer. ☐ ☐ *Sed Troiani urbem fortiter defendebant.* Aber die Trojaner verteidigten ihre Stadt tapfer. ☐ ☐ Aber die Stadt der Trojaner wurde tapfer verteidigt. ☐ ☐ Aber die Trojaner verteidigten ihre starke Stadt. ☐ ☐

Für längere Text(abschnitt)e kann es einfacher sein, einen zweisprachig lateinisch-deutschen Text zu präsentieren, bei dem in der deutschen Hälfte Fehler eingebaut sind. Die Fehler können markiert sein, was die Korrektur erleichtert (selektives Detailverstehen). Zur Steigerung des Schwierigkeitsgrades können Teile des Textes ohne Fehlermarkierung bleiben. Dann müssen allerdings die Lernenden alle sprachlichen Elemente der Sätze genau kontrollieren, was bereits zum totalen Textverstehen (intensives Lesen) auf sprachlicher Ebene führt.

	Aufgaben
Kompetenz: Sprachlich fehlerhafte Übersetzungen identifizieren und korrigieren	1. *Fundamentum:* Korrigiere die Fehler in den ersten vier Sätzen (ggf.: Begründe die Korrektur). 2. *Additum:* Finde die Fehler in den letzten zwei Sätzen und korrigiere sie.

| Graeci decem annos apud Troiam pugnabant. Quamquam fortissimi viri inter eos erant, Troiani urbem fortiter defendebant. Graeci non fortiores erant Troianis, sed Ulixes callidior erat omnibus. Equum maximum e ligno fieri iussit, ut ab Homero scimus. Erat autem minimus numerus Troianorum, qui Aenea duce patriam relinquere poterant. Dixerunt: »Feliciores sumus quam amici, quia vivimus.« | Die Griechen <u>hatten</u> schon 10 Jahre gegen die Trojaner <u>gekämpft</u>. Es gab <u>tapfere</u> Männer unter ihnen, <u>die</u> die Stadt <u>der Trojaner</u> tapfer verteidigten. Die Griechen waren nicht tapferer als die Trojaner, aber Odysseus war der <u>Schlaueste von Allen</u>. Er befahl ein großes Pferd aus Holz zu bauen, wie <u>du</u> von Homer <u>weißt</u>. Es gab aber eine kleine Zahl Trojaner, die die Heimat von dem Anführer Äneas verlassen konnte. Sie sagten: »Wir sind glücklicher als unsere Freunde, die (noch) leben.« |

Texte sprachlich erschließen

Dieses Verfahren hat sich bei der gemeinsamen Besprechung von Klassenarbeiten an Göttinger Schulen bewährt: Die Lehrkraft kann (statt einer individuellen, meist nur unfreiwillig angefertigten »Berichtigung«) die häufig aufgetretenen Fehler aus dem Rekodierungsteil in einer deutschen Textfassung sammeln, die von den Lernenden in Partner- oder Gruppenarbeit korrigiert werden. Aufgrund dieser Anonymisierung der Fehler fühlen sich betroffene Schülerinnen und Schüler nicht vor der Klasse bloßgestellt. Zudem stachelt die Fehlersuche und die Möglichkeit, selbst korrigieren zu dürfen, den Ehrgeiz der Lernenden an und führt zu einer hohen Aufmerksamkeit und Motivation bei der Arbeit. In einer einjährigen Testphase an einem Göttinger Gymnasium konnte sogar eine Leistungsverbesserung durch die regelmäßige Durchführung dieses Aufgabenformats festgestellt werden.

3.2.3 Sätze und Texte vollständig erschließen (totales/intensives Lesen)

Die o. g. Abgrenzung der Wortgruppen führte bereits zu einer detaillierten syntaktischen Texterschließung auf Satzebene. In Verbindung mit der morphologischen Erschließung lassen sich Sätze und Text(abschnitt)e nach Bedarf noch feiner dekodieren, sodass die sprachliche Erschließung schließlich vollständig durchgeführt ist. Hierzu sind neben der zuletzt genannten Fehlersuche in zweisprachigen Textpräsentationen weitere methodische Zugänge möglich, die sich wiederum nach Anforderungsstufen skalieren lassen. Insgesamt orientieren sich die unterschiedlichen Zugänge an der altbekannten Methode des »Wort-für-Wort-Übersetzens«.

Wort-für-Wort-Übersetzen

| Kompetenz: Elementare sprachliche Strukturen erkennen; Übersetzungen zur Selbstkontrolle nutzen. | **Aufgabe**
1. Übersetze die einzelnen Wörter und schreibe diese Wort-für-Wort-Übersetzung über den lateinischen Text. Beachte dabei die Endungen (z. B. Person, Nominativ oder Akkusativ).

Beispiel Lehrbuch (VIVA L. 2 Anfang)
sofort   der Herr und die Herrin und die Kinder hinaus laufen
Statim dominus et domina   et   līberī   forās currunt.
dort (den) Gallus den Sklaven sie sehen
Ibī   Gallum   servum   vident.
Die Herrin: Warum der Bock nicht läuft?
Domina: »Cūr   caper   nōn currit?«
Gallus: nicht er gehorcht. Den Bock antreiben nicht ich kann
Gallus: »Nōn pāret.   Caprum incitāre nōn possum.« |

> **Beispiel Lektüre (Caes. Bell. Gall. 3,21)**
>
> <u>Crassus</u>   <u>in Gebiet   der V.</u>   <u>und   der T.</u>   <u>ist marschiert</u>
> Crassus in fines Vocatium et Tarusatium profectus est. (…)
>
> <u>(sie) werden geschickt   auch   zu denjenigen Stämmen   (die) Gesandten</u>
>   mittuntur   etiam   ad eas civitates   legati,
> <u>die   sind   des diesseitigen H.   benachbart.</u>
> quae sunt   citerioris Hispaniae   finitimae.
> <u>von   dort Hilfe und Anführer   werden herbeigeholt.</u>
> inde   auxilia duces-**que**   arcessuntur.
> <u>deren   (bei) Ankunft   großer   mit   Menschen – Menge</u>
> quorum adventu (…) magna cum hominum multitudine
> <u>Krieg   führen   (sie) versuchen.</u>
> bellum gerere   conantur.

Eine erste Möglichkeit besteht darin, dass die Lernenden tatsächlich den ganzen Textabschnitt Wort für Wort durchgehen und unter Berücksichtigung der Morphologie über jedes Wort (oder wie oben jede Wortgruppe) selbstständig eine formal-äquivalente Übersetzung notieren. Bei Lehrbuchtexten funktioniert das in der Regel recht reibungslos, wie das erste Beispiel zeigt. Die Methode setzt eine gute Kenntnis der Morphologie und v. a. der jeweiligen Formen-Bedeutungen voraus, kann dann aber aufgrund ihrer Kleinschrittigkeit Verständnisfehler auf der Mikro-Ebene vermeiden. Im ersten Lehrbuchbeispiel wäre das etwa die Fehldeutung von *Gallum (servum)* oder *caprum* als Subjekte (*»Gallus sieht den Sklaven«/»Der Bock kann nicht antreiben«). Bei komplexeren und originalen Texten stößt das Verfahren schnell an Grenzen: In dem Caesar-Text sind etwa die Formen *finitimae* (könnte sich auf *Hispaniae* beziehen) und *duces(que)* (< *dux, ducere*) funktional oder morphologisch mehrdeutig. Ähnliches gilt für *cum* (Präposition und polyseme Konjunktion). Zudem kann die Kleinschrittigkeit als Extremfall eines *lower-order-Prozesses (bottom up)* ein Nachteil sein, weil bei sprachschwachen Lernenden der Gesamtkontext aus dem Blick gerät. Insofern kann ein solches Verfahren eher als letzter Schritt nach Phasen des orientierenden und selektiven Lesens erfolgen.

Auf der anderen Seite hat das Verfahren deutliche Vorteile, wenn es entweder nur partiell oder rezeptiv verwendet wird: So können Lernende etwa selektiv bestimmte Stellen im Satz oder Text auf diese Weise dekodieren, die erfahrungsgemäß Verständnisprobleme erzeugen. In den beiden Beispieltexten könnten das die genannten Akkusativobjekte *Gallum (servum)* und *caprum* und die Passivformen *mittuntur* (*»Sie schicken Legaten in die …«) und *arcessuntur* (*»Die Hilfstruppen holen die Anführer«) sein.

Umgekehrt kann auch die Lehrkraft eine solche interlinear-zweisprachige Fassung mit einer struktur-äquivalenten Wort-für-Wort-Übersetzung erstellen und Lernenden als Musterlösung für das sprachliche Verstehen ausgeben. Lernende können so leicht die grammatikalische Struktur eines Textes nachvollziehen und verstehen so Übersetzungsfehler deutlich besser. Integriert werden in eine solche Vorlage können dann an ausgewählten Stellen auch Wortgruppen-Segmentierungen (z. B. *quae sunt | citerioris Hispaniae | finitimae*). Wie oben schon ausgeführt können ohnehin einzelne Satzsegmente durch entsprechende struktur-äquivalente Übersetzungen in der Textfassung vorentlastet werden, sodass Lernende nur noch Teile des Textes oder Satzes mit diesem Verfahren dekodieren und übersetzen müssen.

Zweisprache Textfassung

Sehr praxisorientiert ist eine andere Variante dieses bilingualen Verfahrens mit echten Übersetzungen nach zielsprachlichen Normen: Lernende arbeiten dann mit einer zweisprachigen lateinisch-deutschen Textfassung und müssen jeweils die lateinischen und deutschen Elemente im Detail einander zuordnen und gegebenenfalls kommentieren oder begründen:

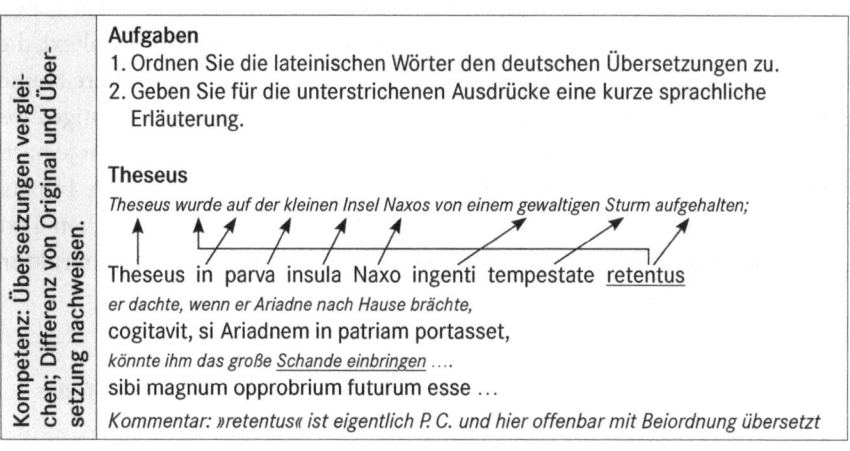

Für die erste Zeile ist die Aufgabe beispielhaft gelöst. Für die Unterstreichung *retentus* ist ein möglicher Schülerkommentar zur Übersetzung beigefügt. Die Aufgabe bildet recht genau die Anforderungen an Benutzer zweisprachiger Textausgaben ab, z. B. wenn Historiker oder Theologen mit lateinischen Quellen arbeiten und anhand einer Übersetzung über ein globales Verständnis hinaus den exakten Wortlaut und seine Bedeutung kontrollieren müssen. Ebenso entspricht es den Anforderungen an Lateinstudierende die Prüfungskorpora mithilfe von Übersetzungen vorbereiten, oder an Lateinlehrkräfte, die komplexe lateinische Texte für ihre Schüler bearbeiten. Das Verfahren kann in Leistungskontrollen eingesetzt und gegebenenfalls nach markierten Items bepunktet werden. Notwendig ist dann gar nicht die Zuordnung *aller* Elemente, sondern z. B. nur ausgewählter Textstellen. Je nach dem Deverbalisierungsgrad (»frei«) der verwendeten deutschen Übersetzung kann das Anforderungsniveau der Aufgabe fein gestuft werden.

Für den Anfangsunterricht ist das Verfahren übrigens ebenso nützlich, da es Lateinlernenden sehr früh die strukturellen Unterschiede zwischen dem Lateinischen und Deutschen illustriert, nämlich hier: abweichende Wortstellung, fehlende Artikel und Subjektpronomina (»er, sie, es«) im Lateinischen, Polysemie der Präposition *in* (dt. »in, auf«).

Produktion einer eigenen Übersetzung

Schließlich kann die Produktion einer eigenen struktur-äquivalenten Übersetzung dazu dienen, das sprachliche Detailverstehen zu dokumentieren. Doch auch hier ist es möglich, Lernenden mit altbewährten Verfahren eine inhaltliche Unterstützung *(scaffolding)* zu bieten, um das Arbeitsgedächtnis zu entlasten. Bereits in der Barockzeit enthielten lateinische und griechische Schulausgaben vielfach Inhaltszusammenfassungen vor oder sogar neben dem Originaltext, die vor einer Übersetzung genutzt werden sollten. So hatten die Schüler bereits eine inhaltliche Vorstellung, die der Selbstkontrolle dienen konnte. Für heutige Zwecke lässt sich das Verfahren reaktivieren, d. h.: Die Lernenden erhalten je nach Unterrichtsziel oder Text entweder inhaltliche Stichpunkte oder eine Inhaltszusammenfassung oder auch eine genaue Paraphrase zum lateinischen Text und produzieren daran anknüpfend eine »sprachlich genaue« bzw. struktur-äquivalente Übersetzung.

	Aufgabe 1. Fertigen Sie eine sprachlich genaue Übersetzung des lateinischen Textes an. **Verg. Aen. 1,253 ff.: Jupiter spricht zu Venus** a) *Paraphrase:*	
Kompetenz: Eine struktur-äquivalente (»sprachlich genaue«) Übersetzung mit inhaltlicher Hilfe produzieren	Olli subridens **hominum sator atque deorum,** voltu, quo caelum tempestatesque serenat, oscula libavit natae, dehinc talia fatur: ›Parce metu, Cytherea: manent immota tuorum fata tibi; cernes urbem et promissa Lavini moenia, sublimemque feres ad sidera caeli magnanimum Aenean; neque me sententia vertit.	Der Wettergott **Jupiter** lächelt Venus an und küsst seine Tochter. Er antwortet ihr, sie brauche keine Angst zu haben, weil sich das Schicksal nicht ändern werde. Lavinium und Rom würden gegründet, Aeneas werde garantiert vergöttlicht.

b) *Inhalts-Stichpunkte:*

Olli subridens hominum sator atque deorum, voltu, quo caelum tempestatesque serenat, oscula libavit natae, dehinc talia fatur: ›Parce metu, Cytherea: manent immota tuorum fata tibi; cernes urbem et promissa Lavini moenia, sublimemque feres ad sidera caeli magnanimum Aenean; neque me sententia vertit.	Jupiter küsst seine Tochter Venus Jupiters Rede: ihre Angst unbegründet – keine Schicksalsänderung – Städtegründung und Vergöttlichung des Aeneas garantiert

Ein Experte (Lehrkraft, antike Rezipienten) hat als Leser antiker Texte in der Regel schon eine relativ genaue inhaltliche Vorstellung von dem Inhalt des gelesenen Textes. Lehrkräfte suchen ja in der Regel sogar eine Textstelle nach dem jeweils vorschwebenden Inhalt aus. Experten-Leser können sich daher oft nur schwer in Lernende (»Novizen«) hineinversetzen, die nicht nur die Sprache, sondern zugleich den unbekannten Inhalt des neuen Textes entschlüsseln müssen. Das hier vorgeschlagene Verfahren versetzt Lernende zumindest partiell in die Position eines Expertenlesers und gibt eine Unterstützung zum *top-down-*Prozess *(higher-order)* vor. Die Schülerinnen und Schüler können sich dann unter Entlastung des Arbeitsgedächtnisses ganz auf die Spracharbeit *(bottom up)*, d. h. den für sie gewohnten *lower-order-*Prozess konzentrieren.

In dem Beispiel oben sind zwei Varianten für die deutsche Spalte angeführt: Bei Praxis-Tests ergab sich, dass für viele Übersetzende die Inhaltsstichpunkte eine bessere Hilfe darstellten als die Paraphrase. Dies hängt sicher damit zusammen, dass Stichpunkte ihrerseits das Arbeitsgedächtnis weniger belasten als eine meist doch relativ ausführliche Paraphrase. Diese kann jedoch besser zur Selbstkontrolle beim Übersetzen kleinerer Details genutzt werden. In der eigenen Unterrichtspraxis lohnen sich Experimente zu beiden Optionen, um eine möglichst optimale Unterstützung zu gewährleisten.

In dem ersten (Paraphrase-)Beispiel sind zudem zwei Ausdrücke (Wettergott **Jupiter**) markiert, was sich wiederum aus Praxis-Tests ergab: Lernende können die Hilfen oft besser nutzen, wenn sie bei sehr bildhaften Ausdrücken eine ungefähre Vorstellung davon haben, welches lateinische Element mit welcher deutschen Wiedergabe korrespondiert. Die eigentliche Dekodierung der *grammatischen* Struktur und die genaue Rekodierung (hier: »der Erzeuger der Menschen und Götter …, womit er Himmel und Stürme beruhigt«) müssen die Lernenden dennoch leisten, denn sie ist durch Paraphrase oder Inhaltsstichpunkte nicht vorgegeben. Somit ist das Verfahren optimal geeignet, um im Sinne der Testtheorie ganz gezielt *eine* Teilkompetenz zu schulen oder zu testen und nicht zu viele Aspekte auf einmal[37].

3.2.4 Textverstehen sprachbildend fördern

Obwohl »sprachliche Bildung« kein neues Ziel des Lateinunterrichts darstellt, ist sie besonders in den letzten Jahren (vor dem Hintergrund zunehmenden Legitimationsdrucks in einer immer heterogeneren Lernerschaft) von mehreren Fachvertretern zu einem elementaren, wenn nicht sogar dem wichtigsten Leitziel des künftigen altsprachlichen Unterrichts erhoben worden. Allgemein formuliert geht es dabei um folgende Erwartungen: Lernende sollen im Sinne sprachlicher Allgemeinbildung über Sprachstruktur(en) kontrastiv nachdenken (Sprachreflexion) und kompetent darüber sprechen können (metasprachliche Kompetenz). Zudem sollen sie ihre zielsprachliche Kompetenz (z. B. differenzierteres Ausdrucksvermögen) kontinuierlich verbessern, weshalb im Lateinunterricht auch vermehrt deutsche Sprachstrukturen thematisiert und vertieft werden sollen (Sprachförderung).

Aus diesem Grund geht es im Folgenden um Aufgabenformate, die von vornherein darauf ausgelegt sind, Latein und Deutsch im Verbund respektive in Beziehung zueinander zu betrachten. Diese Zweisprachigkeit soll nun aber nicht mehr im Sinne einer eher schematischen Richtig-Falsch-Auswertung wie bei fehlerhaften, von den Schülerinnen und Schülern zu korrigierenden Übersetzungen Anwendung finden (s. o., Kap. 3.2.2) und auch nicht im Sinne einer rein unterstützenden Beigabe des deutschen Gegenstücks zum besseren inhaltlichen Verständnis des Lateinischen dienen (s. u., Kap. 3.3.1) – vielmehr geht es bei sprachbildenden Aufgaben darum, dass die (semantische/syntaktische/pragmatische etc.) Unterschiedlichkeit der Sprachsysteme von den Lernenden als zentraler Lerngegenstand betrachtet und reflektiert werden muss: Lateinunterricht ist nämlich nicht, wie oft zu hören und zu lesen, *per se* sprachbildend, sondern nur dann, wenn er gezielt darauf ausgerichtet ist. In den folgenden Formaten geht es häufig zunächst um selektives Detailverstehen, der sprachbildende Ansatz kann aber problemlos auch auf den kompletten Text bezogen sein und somit auf das intensive bzw. totale Lesen abzielen.

Monosemierung mit Fokus auf Sprachregister und Leserwirkung
Der erste Aufgabentyp in dieser Sektion betrifft diesbezüglich ein klassisches Problemfeld für Lernende: die Festlegung auf eine bestimmte Wortbedeutung

---

37 Vgl. dazu ausführlich Hinger/Stadler 2018: 69–86.

bei polysemen Vokabeln. Vorweg sei darauf hingewiesen, dass es hierbei aus sprachdidaktischer Sicht vorrangig um das inhaltliche Erschließen von Texten geht; aus diesem Grund findet sich zu dieser zentralen Fragestellung eine ausführlichere Darlegung weiter unten in Block 3.3.2. Wenn hier in der Folge dennoch auch schon einmal unter der Überschrift »Sprachbildung« davon die Rede ist, so liegt das an einem besonderen Teilaspekt der Monosemierung: der häufig nötigen Abgrenzung von verschiedenen Wiedergabemöglichkeiten für dasselbe Wort, die auf den ersten Blick vielleicht keinen großen semantischen Unterschied aufweisen, dafür allerdings in puncto *Sprachregister, Idiomatik* und *Leserwirkung* wesentlich differieren.

Dabei handelt es sich um eine anspruchsvolle, im Unterricht oft aber kaum oder gar nicht beachtete sprachliche Herausforderung für Schülerinnen und Schüler. An der Universität Göttingen wurde jüngst dazu eine empirische Studie verfasst[38], die sich mit der Verständlichkeit deutscher Vokabelangaben in aktuellen Sek.I-Lehrwerken *(Roma, Pontes, Adeamus)* befasst. Summa summarum konnte Maas nachweisen, dass in den untersuchten Lehrbuchlektionen etwa die Hälfte der Vokabeln mit potentiell un- oder missverständlichen Bedeutungsangaben versehen ist. Für diese Erhebung lässt sich u. a. die maßgebliche Klassifikation des Dudens heranziehen, wie die folgenden losen Beispiele, die der Studie entnommen sind, überblicksweise illustrieren (**fett** markiert sind die aufgrund der Duden-Klassifikation als potentiell schwierig eingestuften Bedeutungsangaben):

Lat. Vokabel	Bedeutungsangaben (im jeweiligen Lehrwerk)	Klassifikation (laut www.duden.de)
1. *sors*	»**Los**, Schicksal, Orakelspruch«	→ gehoben
2. *conscribere*	»verfassen, **ausheben**«	→ veraltet
3. *vero*	»wirklich, aber, **jawohl**«	→ veraltend
4. *caedes*	»**Blutbad**, Mord«	→ emotional
5. *vulgus*	»Volk, Masse, **Pöbel**«	→ abwertend
6. *modo*	»nur, **bloß**, einzig, allein«	→ umgangssprachlich
7. *situs, a, um*	»gelegen, **befindlich**«	→ schriftsprachlich

Schülerinnen und Schüler, die beim Lernen auf solche Angaben stoßen, bekommen in aller Regel von den Lehrbüchern keinerlei Hinweise auf Gebrauch und Frequenz der vorgefundenen deutschen Begriffe. Dabei ist – das dürfte schon die eigene Erfahrung zeigen – bei weitem nicht jedem Schüler automatisch

---

38 Maas 2020.

klar, wann und in welcher Weise sich diese Ausdrücke im Deutschen verwenden lassen und welcher Eindruck damit jeweils erzeugt wird (ganz abgesehen einmal davon, dass hier oftmals zusätzlich eklatante semantische Fehlkonzepte entstehen können, man denke etwa an die Mehrdeutigkeit der deutschen Begriffe »Los« oder »ausheben«). Werden die Lernenden damit alleingelassen, entsteht oft unbewusst der Eindruck, die dargebotenen Bedeutungsangaben seien mehr oder weniger austauschbar.

Warum ist das nun hier von Bedeutung? Weil die Angemessenheit von Register, Idiomatik/Gebrauch und Wirkung elementar für ein vertieftes Textverstehen ist. Das mag ein kurzes Beispiel zeigen:

Kompetenz: Wortbedeutungen polysemer Vokabeln kontextbasiert festlegen

Aufgabe
Entscheide dich für eine treffende Wiedergabe der markierten lateinischen Wörter. Berücksichtige dabei, mit welchen Ausdrücken sich die Situation am besten greifen und veranschaulichen lässt.

Im Senat spricht der Konsul zum versammelten Gremium:

»*auditisne?* **vulgus** *in foro clamat! nobis propter* **caedem** *scelesti* **irascuntur**.«	»Hört ihr das? _____ schreit auf dem Forum! Sie _____ wegen _____ des Verbrechers.«

Draußen auf dem Forum spricht ein Redner bei den Protesten:

»*potestas in* **vulgus** *esse debet! haec* **caedes** *non erit inulta!*«	»Die Macht muss _____ sein! Dies(e/r) _____ wird nicht ungestraft bleiben!«

Hilfen: *vulgus, i* m.: Volk, Menge, Pöbel.
irasci: zürnen, zornig werden, aufgebracht sein.
caedes, is f.: Mord, Ermordung, Blutbad.

Der kleine Sprechanlass ist in diesem Fall bewusst etwas offener gehalten, damit die Lernenden selbst über eine sinnvolle, kontingente Ausgangssituation nachdenken. Naheliegend wäre hier, dass der Konsul würdevoll und zurückhaltend spricht (»Die Menge auf dem Forum schreit! Sie zürnen uns wegen der Ermordung des Verbrechers.«) und der Redner aufpeitschend agitiert (»Die Macht sollte in der Hand des Volkes sein! Dieses Blutbad wird nicht ungestraft bleiben!«). Der Konsul könnte aber auch bewusst Öl ins Feuer gießen wollen und sich umgangssprachlicher und emotionaler äußern (»Der Pöbel auf dem Forum schreit! Sie sind wütend auf uns …«), während der Redner maßvoll und eher sachlich bleibt (»Die Macht sollte beim Volk sein. Diese Ermordung wird nicht ungestraft bleiben.«). Auch andere Nuancierungen und zusätzlich auch kleinere syntaktische Umstellungen sind denkbar; in jedem Fall aber sind Lernende gezwungen, sich in eine plausible Situation hineinzuversetzen und das semantische Spektrum der fraglichen Vokabeln umfassend zu durchleuchten. Bei einem solchen, zunächst behutsam angeleiteten, später freieren Prozedere wird ergiebige Sprachbildung betrieben – vor allem, weil Sprache hier nicht mehr als etwas Logisch-Schematisches daherkommt, das auf Basis vermeintlich transparenter Wortgleichungen hin und her über(ge)setzt werden kann, sondern als lebendiges, mitunter auch unbefriedigendes Werkzeug zum Transport von Kommunikation. Ohne unterrichtliche Thematisierung von Register und Gebrauch polysemer Lemmata und damit verbundener situativer Einübung kann jedenfalls gerade die gewünschte Weiterentwicklung des deutschen Ausdrucksvermögens nur sporadisch stattfinden; genau damit fehlen Lernenden aber beispielsweise auch die Mittel, um ihr Textverständnis erst differenzierter und präziser unter Beweis zu stellen. In der Konsequenz ergibt sich, dass die Klarheit, Verständlichkeit und semantische Abgrenzung der deutschen Rekodierungsmöglichkeiten keineswegs selbstverständlich, oft aber wesentlich für das Detail- und auch Globalverstehen von Texten ist. Sie sollte daher regelmäßig Gegenstand des Unterrichts sein.

Übersetzungsalternativen entwickeln und zielsprachlich umformulieren
Wichtig im Sinne einer nachhaltigen Sprachbildung ist dabei, nicht nur hin und wieder fallbezogen mit Lernenden darüber zu sprechen, sondern ihnen immer wieder auch konkretes Anschauungsmaterial vorzulegen, an dem sie durch Sprachvergleich und -reflexion eigenständige Beobachtungen machen können. Ein sehr praxisnahes Verfahren ist es, Lernende mit älteren, in heute ungebräuchlicherem Deutsch verfassten Übersetzungen von Originalliteratur arbeiten zu lassen. Praxisnah ist dies deshalb, weil zum einen zu vielen antiken Werken noch keine modernen Übersetzungen existieren, sodass man beim eigenständigen Konsultieren tatsächlich gezwungen ist, auf ältere Publikationen zurückzugreifen, und weil zum anderen bestimmte ältere Übersetzungen ihrerseits zu Klassikern geworden sind und immer wieder neu aufgelegt werden. Zudem sind alte Übersetzungen beliebte Quellen für einige Websites zu klassischen Texten (vgl. z. B. die beliebten Seiten von Gottwein (www.gottwein.de) und dem Perseus-Projekt (www.perseus.tufts.edu/hopper/)), weil das Urheberrecht 70 Jahre nach dem Tod des Autors erlischt. Ein entsprechendes Aufgabenformat könnte dann etwa so aussehen:

	Aufgabe
Kompetenz: Original und Übersetzung vergleichen, die Übersetzbarkeit lat. Strukturen und Wendungen kritisch überprüfen, Übersetzungsalternativen entwickeln und zielsprachlich angemessen formulieren	Die deutsche Übersetzung ist über 100 Jahre alt. 1. Markieren Sie zuerst im linken Teil die lateinischen Ausdrücke, die den sechs markierten deutschen Wendungen zugrunde liegen 2. Geben Sie für diese Textstellen eine inhaltlich angemessene, eigene Übersetzung im heutigen Sprachgebrauch an. **Historia Apollonii, regis Tyri 1: Ein Vater begehrt seine eigene Tochter**

Quae dum ad nubilem pervenisset aetatem et species et formositas cresceret, multi eam in matrimonium petebant et cum magna dotis pollicitatione currebant. Et cum pater deliberaret, cui potissimum filiam suam in matrimonium daret, cogente iniqua cupiditate flamma concupiscentiae incidit in amorem filiae suae et coepit eam aliter diligere, quam patrem oportebat. Qui cum luctatur cum furore, pugnat cum dolore, vincitur amore, excidit illi pietas, oblitus est se esse patrem et induit coniugem.	Als sie ins heiratsfähige Alter getreten war und ihre Anmut und Schönheit noch zunahm, verlangten sie viele zur Ehe und freiten um sie mit reicher Hochzeitsgabe. Und indem der Vater mit sich zu Rate ging, wem er am liebsten sein Kind zu Ehe geben solle, zwang ihn unrechte Lust: das brennende Verlangen fiel auf die Liebe zur eigenen Tochter, und er begann sie anders zu lieben, als einem Vater geziemt. Während er mit der wahnsinnigen Begierde ringt, mit dem Drang kämpft, wird er von der Liebe bezwungen: die natürliche Scheu schwand, er vergaß, dass er der Vater war, und ersah für sich die Rolle als Gatten.

Textverstehen und Sprachbildung gehen bei einer solchen Aufgabe Hand in Hand. Dabei ermöglicht speziell die bilinguale Präsentation ein lernwirksames Vorgehen: Durch die erzwungene Rückkopplung der markierten, wahrscheinlich für die meisten Lernenden unbekannten veralteten bzw. ungebräuchlichen deutschen Ausdrücke an das jeweilige lateinische Ausgangswort (Aufgabe 1) entsteht – über das Lateinische – eine Brücke zum besseren Verständnis des Deutschen. Wenn ein Lernender etwa das merkwürdige (da veraltete) deutsche Verb »ziemen« erst einmal korrekt zu *oportebat* zugeordnet hat, lässt sich das Lemma in der verwendeten lateinischen Wortkunde oder ggf. im Lexikon nachschlagen, semantisch klären (in diesem Fall z. B. mit dem rasch auffindbaren Ergebnis »etw. ist angebracht/angemessen, man darf etw.«) und schließlich zielsprachenorientierter umformulieren (Aufgabe 2).

Aufgrund der sprachlichen Komplexität erscheint dieses Vorgehen eher bei älteren Lernenden sinnvoll (auch deshalb sollte man nicht davor zurückscheuen, ggf. selbstständig Hand anzulegen, um wirklich geeignetes, unterrichtstaugliches Übersetzungsmaterial bereitstellen zu können). Das Verfahren funktioniert aber auch dort, wo eine vorgelegte Übersetzung recht frei vorgeht und mit dem Ziel größerer formal-struktureller Äquivalenz umgearbeitet werden soll – und dies betrifft bereits den Anfangsunterricht. Lernende können dann entweder, wie im Text oben, schon hervorgehobene Wendungen in der Übersetzung an ihre jeweilige Vorlage koppeln und im nächsten Schritt enger am Original (›wörtlicher‹) rekodieren; oder sie können auch selbstständig einen Übersetzungsvergleich anstellen und nach Ausdrücken suchen, die besonders stark von der lateinischen Formulierung abweichen. Dieses letztere Verfahren ist natürlich anspruchsvoller und eignet sich daher z. B. gut zu Differenzierungszwecken.

Übersetzungen vergleichen und nach Äquivalenzstufen beurteilen
Von diesem Aufgabentyp ausgehend liegt es nicht allzu fern, generelle Übersetzungskritik zu betreiben. Die Idee, dass jede Übersetzung immer nur eine unvollkommene, nach mehr oder weniger bewusst gemachten Prinzipien erfolgte partielle Annäherung an das Original ist, ist nicht nur ein grundlegendes Erkenntnisziel der Sprachdidaktik, sondern gerade im Lateinunterricht ein Schlüsselaspekt beim Umgang mit Wörtern, Texten und Interpretationen. Die Art und Weise, wie man beim Übersetzen vorgeht, verrät viel über das Verständnis des Textes, den man gerade vor sich hat; und die Abwägung, Diskussion und Kritik unterschiedlicher Übersetzungsvorschläge kann in höchstem Maße sprachbildend sein. Lernenden muss in jedem Fall deutlich werden, dass zwei Übersetzungen, die auf den ersten Blick ganz verschieden aussehen, beide ›richtig‹ sein können, weil sie vielleicht nach unterschiedlichen Prämissen (z. B. formal-syntaktische und pragmatisch-wirkungsästhetische Äquivalenz) erstellt worden sind. Genauso sollten sie auch zunehmend genauer beschreiben können, was an einer ›richtigen‹ Übersetzung problematisch, d. h. sprachlich/semantisch defizitär oder stilistisch unschön ist[39].

Die grundständige Dichotomie zwischen einer möglichst wortgetreuen, formal-syntaktisch äquivalenten Übersetzung und einer zielsprachenorientierteren (idiomatischeren) und semantisch sowie pragmatisch präziseren Wiedergabe ist dabei durchaus schon etwas für den Anfangsunterricht. Mit einer entsprechenden Hinführung können die Schülerinnen und Schüler rasch erkennen, worum es geht:

---

39 Vgl. Kuhlmann 2018a: 35 f.

> **Kompetenz:** In einen Diskurs über Übersetzungen eintreten; verschiedene Übersetzungsmöglichkeiten abwägen und begründet entscheiden

Aufgabe
Lies dir das lateinische Original durch und vergleiche es danach mit den beiden Übersetzungen:
a) Beschreibe zunächst, wie die beiden deutschen Texte auf dich wirken. Welchen findest du als Übersetzung ansprechender, klarer, verständlicher etc.?
b) Markiere dann, wo und wie genau sich die zweite Übersetzung von der ersten unterscheidet. Wo gibt es nur kleinere/unbedeutendere, wo eher größere Veränderungen?
c) Erkläre, wieso <u>beide</u> Übersetzungen für sich genommen teilweise problematisch sind. Suche dazu in Text 1 Stellen heraus, bei denen dir der Textsinn nicht deutlich genug wird, und in Text 2 Stellen, bei denen die Übersetzung in deinen Augen nicht mehr deutlich genug das lateinische Original wiedergibt.

VIVA, L.3: Augen auf beim Sklavenkauf

lateinischer Text	Übersetzung 1	Übersetzung 2
Aurelia: *»Gallus servus malus est. Negotia non curat.«* Paulla: *»Iniquum est! Gallus servus bonus est! Puer est et fortunam miseram tolerare debet.«* Sextus: *»Tace, Paulla! Necesse est emere ancillam probam.«* Aurelia: *»Ita est!«*	Aurelia: »Gallus ist ein schlechter Sklave. Er kümmert sich nicht um die Aufgaben.« Paulla: »Das ist ungerecht! Gallus ist ein guter Sklave! Er ist ein Junge und muss ein unglückliches Schicksal ertragen.« Sextus: »Schweig, Paulla! Es ist notwendig, eine tüchtige Sklavin zu kaufen.« Aurelia: »So ist es!«	Aurelia: »Gallus ist wirklich ein mieser Sklave. Er kümmert sich überhaupt nicht um seine Aufgaben.« Paulla: »Du bist unfair! Gallus ist ein guter Sklave! Er ist noch ein kleiner Junge und muss schon einen schlimmen Schicksalsschlag ertragen.« Sextus: »Sei doch mal still, Paulla! Wir müssen jetzt eine wohlerzogene Sklavin kaufen.« Aurelia: »Ganz genau!«

Dieses angeleitete Verfahren sensibilisiert Lernende von Anfang an dafür, dass Übersetzen eigentlich kein schematisches Über-Setzen bzw. Rekodieren in die Zielsprache ist, sondern permanente Reflexion, Legitimation und Adaption erfordert und nach ganz verschiedenen Normen ablaufen kann. Die Aufgabe zielt in diesem Zusammenhang auf ein Dilemma ab: Übersetzung 1 bleibt zwar ganz eng am Original; das resultiert aber in einer unidiomatischen, dem natürlichen Sprachgebrauch teilweise stark widersprechenden Wiedergabe. Übersetzung 2 klingt flüssig, ansprechend und unmittelbar verständlich, weicht aber teilweise stark interpretierend vom Lateinischen ab und forciert ein bestimmtes Sprachregister. Im Sinne eines effektiveren *scaffolding* kann es sich deshalb auch anbieten, den Blick der Schülerinnen und Schüler durch schon eingearbeitete Hervorhebungen in den zwei Texten zunächst gezielt nur auf ein paar wenige

Stellen zu lenken, an denen die gewünschten Beobachtungen gut möglich sind. In jedem Fall sollte man darüber ins Gespräch kommen, ob eine bestimmte Übersetzungspraxis im Lateinunterricht von der Lehrerin/dem Lehrer bevorzugt wird oder ob die Lernenden hier recht eigenständig und flexibel sein dürfen. Dies kann und sollte man immer wieder an ganz konkreten Einzelstellen festmachen bzw. illustrieren: Im Text oben findet sich z. B. die lateinische Wendung *necesse est*. Die standardisiert gelernte Bedeutung »es ist nötig«, so wie sie in der formal-syntaktisch äquivalenten Übersetzung 1 angewendet wird, ist vermutlich kein Ausdruck, den heutige Kinder im Gespräch untereinander natürlicherweise aktiv gebrauchen; hier entsteht beim Übersetzen also das typische, etwas schiefe ›Latein-Deutsch‹, das man eigentlich vermeiden möchte (und das daher in Text 2 durch das viel idiomatischere »wir müssen« ersetzt wurde). Dagegen steht aber das (zu Recht) von vielen Fachvertretern hochgehaltene Gebot der konzeptionellen Schriftlichkeit im Lateinunterricht – der Zwang zur schriftlichen Fixierung einer Übersetzung bedingt dann auch, dass Normen und Regeln der deutschen Schriftsprache zur Anwendung kommen, gemäß denen etwa ein unpersönlicher Ausdruck wie »es ist nötig/angebracht/wichtig« etc. durchaus zum etablierten Sprachgebrauch zählt. Was hier nun überwiegt bzw. worauf der Fokus liegen sollte, muss im Einzelfall entschieden werden. Dabei können viele Faktoren eine Rolle spielen (z. B. Lehrbuchphase oder Originalliteratur, und hier wiederum: Welcher Autor/welche Gattung? Dialogsituation oder Erzählung? Veranlagung der Lerngruppe/des Lehrenden? Stellenwert und Praxis der unterrichtlichen Wortschatzarbeit? etc.). Unabhängig davon sollte allerdings möglichst allen Lernenden bewusst sein, dass es unterschiedliche Sprachregister, Äquivalenzstufen und Erwartungshaltungen beim Übersetzen gibt. Sich in diesen zumindest grundlegend kompetent bewegen zu können (also etwa mündliche Umgangssprache von gehobener Schriftsprache abgrenzen zu können), wäre eine enorme Leistung eines zeitgemäßen Lateinunterrichts[40].

Ein vertieftes Textverständnis erkennen und ausdrücken

Mit älteren Schülerinnen und Schülern lässt sich die Arbeit an Übersetzungsalternativen intensivieren: Lernende sollten punktuell immer wieder darüber nachdenken, wie ein vertieftes Textverständnis konkret zum Ausdruck gebracht werden kann, ohne in eine Paraphrase abzugleiten, die mit dem Ausgangstext nur noch den Inhalt gemein hat. Bezogen auf das Ende des obigen Textausschnitts aus dem Apollonius-Roman könnte man z. B. noch einmal gezielt zwei Stellen näher betrachten:

---
40 Vgl. Kuhlmann 2020.

	Aufgabe Vergleiche die beiden Übersetzungsvorschläge und begründe möglichst konkret, durch welche Ausdrücke die zweite Fassung ein tieferes Textverständnis als die erste zeigt.
Kompetenz: Übersetzungsvarianten vergleichen und beurteilen	**Historia Apollonii, regis Tyri 1:**

lateinischer Text	Übersetzung 1	Übersetzung 2
perfectoque scelere evasit cubiculum.	Und nachdem das Verbrechen vollbracht worden war, ging er aus dem Schlafzimmer heraus.	Kaum hatte er die Tat begangen, da verließ er auch schon wieder das Zimmer.
puella vero stans dum miratur scelesti patris impietatem	Das Mädchen aber stand da, während es über die Untat ihres frevelhaften Vaters staunte.	Das Mädchen aber stand regungslos da, noch ganz außer Fassung über die Untat ihres frevelhaften Vaters.

Auch hier geht es um die Unterscheidung zwischen einer formal-syntaktischen und einer semantisch-wirkungsbezogenen Äquivalenz, doch im Gegensatz zum oben vorgestellten Beispiel aus dem Anfangsunterricht lässt sich hier nicht argumentieren, dass die jeweils erste Fassung ein unidiomatisches, sperriges oder gar unverständliches Deutsch darbietet. Dennoch können auch Schülerinnen und Schüler schon herausarbeiten, dass die zweite Version die inhaltliche Situation präziser und anschaulicher wiedergibt (im Aufgabenbeispiel oben ist dieser Umstand schon vorgegeben, natürlich könnte man dies auch die Lernenden selbst herausarbeiten lassen). Das liegt an unterschiedlichen Faktoren, die sich sprachlich auch genau beschreiben lassen: Im ersten Beispiel wirkt die Auflösung des Abl. abs. in einen unterordnenden Temporalsatz im Zusammenspiel mit dem kurzen Hauptsatz lapidar und emotionslos. In der zweiten Variante dagegen wird die signifikante Kürze des lateinischen Originals *(brevitas)* in der deutschen Satzstruktur stärker nachgeahmt und vor allem durch die Ergänzung von Adverbien (»kaum hatte er ... da verließ er auch schon ...«) prägnant untermalt. Jetzt bringt die Übersetzung deutlich zum Ausdruck, wie rasch, egoistisch und empathielos der Vater bei seinem Verbrechen handelte. Im zweiten Satz bleiben die lateinischen Verben *stare* und *mirari* in der ersten Fassung zu unkonkret; speziell »staunen« als Standardübersetzung für *mirari* ist in diesem Kontext sicher nicht die beste Lösung. In der zweiten Version ist dies anschaulich mit »außer Fassung sein« umschrieben; zu *stare* = »stehen« ist das idiomatische Adverb »regungslos« getreten, um die Lage des traumatisierten Mädchens treffender zu beschreiben.

Hier zeigt sich wiederum, dass Lehrkräfte Textverstehen und Sprachbildung eng miteinander verknüpfen können – die systematische Diskussion solcher Übersetzungsalternativen besitzt für beide zentralen Zielperspektiven des Lateinunterrichts große Relevanz. Zugleich sollten Lernende durch solche Aufgaben dazu ermutigt werden, ihre eigenen Rekodierungen immer wieder darauf zu überprüfen, ob und wie sie ggf. durch kleinere Änderungen und Umstellungen idiomatischer und präziser formulieren können, um ihr Textverständnis prägnanter zum Ausdruck zu bringen. Dazu ist es unbedingt nötig, methodisch zwischen einer ersten, vorläufigen Arbeitsübersetzung (sinnvollerweise oft basierend auf standardisierten ›Übersetzungsrezepten‹ etwa zur Wiedergabe eines Abl. abs./ P.c. oder auf den grundlegenden Vokabelbedeutungen) und einer zweiten, schriftlichen ›Druck‹-Fassung zu trennen, in der die Zielsprache Deutsch zu ihrem vollen Recht kommt – und Schülerinnen und Schüler von Anfang an gerade auch mit dieser zweiten wichtigen Phase des Übersetzens vertraut zu machen.

Zur Einübung dieser wichtigen Unterscheidung sind hinführende und gelenkte Aufgabenformate dienlich, die ein Bewusstsein dafür schaffen, dass Deutsch nicht gleich Deutsch ist – und dass Textverständnis nicht nur im Kopf konstruiert, sondern auch schriftlich möglichst klar formuliert werden muss. Exemplarisch sei hier auf einen besonders häufig zu beobachtenden Fall der mittleren und späten Spracherwerbsphase verwiesen, bei dem auch fortgeschrittene Lernende (bis hin zu vielen Masterstudierenden) oftmals bei der Arbeitsübersetzung stehenbleiben, nämlich bei der Übersetzung von Partizipien:

Kompetenz: Vorgegebene Übersetzungen zielsprachengerecht umformulieren

Aufgabe
Hier wurden alle Partizipialausdrücke attributiv (bzw. »wörtlich«) übersetzt – das klingt zum einen im Deutschen sehr sperrig und ist zum anderen auch inhaltlich nicht gut, weil die Partizipien hier ja gar keine andauernden, ständigen Eigenschaften angeben (→ attributive Funktion), sondern nur spezielle Umstände/Situationen beschreiben (→ prädikative Funktion).
Korrigiere und verdeutsche die Wiedergabe, indem du an den markierten Stellen sinnvolle Unterordnungen (Nebensätze, z. B. kausal, konzessiv etc.) verwendest.

Historia Apollonii, regis Tyri 1:
(Der Vater schleicht sich nachts in das Zimmer seiner Tochter):

lateinischer Text	Übersetzungsvorschlag
[…] et **stimulante** furore libidinis diu **repugnanti** filiae suae nodum virginitatis eripuit, **perfecto**que scelere evasit cubiculum.	[…] und mit **antreibendem** Wahn seiner Begierde entriss er seiner sich lange **wehrenden** Tochter die Jungfräulichkeit, und nach dem **vollendeten** Verbrechen ging er aus dem Zimmer.

Das Beispiel verdeutlicht noch einmal, wieso eine solche Herangehensweise nicht nur ein sprachlicher Verschönerungsprozess ist, sondern auf das genaue Textverstehen abzielt. Ein Ausdruck wie »mit antreibendem Wahn seiner Begierde« verunklart die dramatische Situation, eine »sich lange widersetzende Tochter« raubt der Szene die markante Drastik. Wenn Lernende aber im ersten Fall schließlich übersetzen: »weil ihn der Wahn seiner Begierde dazu antrieb« oder, stilistisch noch passender: »angetrieben von seinem Liebeswahn«; oder im zweiten Ausdruck z. B.: »obwohl sie sich lange dagegen wehrte« – dann bringen sie damit zum Ausdruck, dass sie den Text nicht nur sprachlich überblickt haben, sondern auch eine deutliche mentale Repräsentation des Geschehens aufgebaut haben.

3.3 Texte inhaltlich erschließen

Im Folgenden werden Aufgabenformate vorgestellt, die einen Fokus auf das Verstehen inhaltlicher Zusammenhänge legen. Das bedeutet, das Durchdringen der sprachlichen Struktur eines lateinischen Texts wird nur insoweit gefordert, wie es dem Auffinden, Nachvollziehen oder Überprüfen bestimmter Informationen dient. Mit dieser Ausrichtung auf verschiedene Arten des Leseverstehens geht einher, dass Lernende einen Text nur noch partiell wirklich rekodieren oder in seiner grammatisch-syntaktischen Form korrekt erfassen müssen. Das ist ungewohnt für die meisten Latein-Lehrenden und -Lernenden; es sollte aber keineswegs als Manko verstanden werden, sondern folgt konkreten didaktischen Zielen: Zum einen wird dadurch recht realistisch abgebildet, was Schülerinnen und Schüler im späteren Leben im besten Fall leisten können, wenn sie auf einen lateinischen Text stoßen: zügig ein hinreichendes globales Verständnis herstellen und ggf. gezielt bestimmte Details suchen und verstehen. Zum anderen, und dies ist vielleicht noch wichtiger, erlaubt es der (partielle) Verzicht auf die schriftliche Rekodierung, den Unterricht gerade für die Lernenden zu öffnen, die große Schwierigkeiten beim Formulieren grammatikalisch, lexikalisch und idiomatisch korrekter deutscher Sätze und Texte haben und schon allein deshalb beim herkömmlichen Umgang mit Texten in der Regel schlecht abschneiden. Erfahrungen aus mehreren empirischen Abschlussarbeiten an der Universität Göttingen zeigen, dass die Integration von Unterrichtsphasen, in denen die Textarbeit stärker auf das inhaltliche Verstehen ausgerichtet ist, zu einer Aktivierung von Schülerinnen und Schülern führt, die im Übersetzungsunterricht oftmals abgehängt sind, aber durchaus treffend erfassen und beschreiben können, wovon in einem Text die Rede ist. Dieses didaktisch-pädagogische Potential sollte man nicht unterschätzen. Hinzu kommt ein potentiell weit höherer

Lektüreumsatz, weil der Unterricht infolge des partiellen Verzichts (nur um einen solchen geht es ja) auf statarische Lektüre rascher voranschreiten kann – Schülerinnen und Schülern kann vermittelt werden, dass man lateinische Texte tatsächlich auch mit unterschiedlicher Intention lesen kann, sie also nicht zwingend immer Wort für Wort betrachten und übersetzen muss.

Insofern besteht eine besondere didaktische Herausforderung bei Aufgaben zum inhaltlichen Textverstehen darin, gerade Anfängerinnen und Anfänger von einem additiven Wort-für-Wort-Verstehen-Wollen wegzubringen, welches gerade bei längeren und komplexeren Texten nicht selten zu Überforderung, Frust und Verweigerung führt[41]. Stattdessen sind Bewusstsein und Akzeptanz dafür erforderlich, dass bei fremdsprachigen Texten immer eine mehr oder minder große Zahl von lexikalischen und grammatischen Strukturen unbekannt ist (und auch künftig immer bleiben wird). Vor diesem Hintergrund sind ganzheitliche Textzugänge wichtig, die vom Globalverstehen ausgehend bis hin zum Detailverstehen reichen können. Letztlich sollen Lernende vor allem auch davor bewahrt werden, zu schnell und voreilig den Verstehensvorgang eines Textes in Gänze abzubrechen, wenn es zu Problemen oder Aussetzern bei Einzelwörtern und -sätzen kommt.

3.3.1 Orientierendes vs. globales Lesen

Zur inhaltlichen Orientierung beim Lesen gehört es, die allgemeine Zielrichtung eines Textes zu erfassen. Dafür ist es nützlich, zunächst ganz grundlegend die jeweilige Textgattung bzw. -sorte zu identifizieren, weil damit bereits eine bestimmte Wirkungsabsicht auf die Leser verbunden ist. So sollten Schülerinnen und Schüler etwa vor der Lektüre einer Gerichtsrede aus der römischen Antike wissen, dass sie sich an die Geschworenen (Richter) richtete, um sie von der (Un-)Schuld eines Angeklagten zu überzeugen. Bei vielen antiken Texten ist die Erfassung einer globalen Zielrichtung nicht ganz so einfach: So geben sich etwa Caesars *Commentarii de bello Gallico* als nüchternes Kriegstagebuch mit vermeintlicher Faktenorientierung; in Wirklichkeit gibt es jedoch auch einen impliziten Subtext, nämlich die Lesenden in Rom teilweise durch eine große Faktenfülle zu verwirren, aber auch das eigene, z. T. illegale Handeln als Eroberer zu legitimieren[42]. Im Allgemeinen reicht es für eine Orientierung aus, zunächst eine offensichtliche Zielrichtung zu erfassen, wenngleich z. B. bei Cae-

---

41 Vgl. analog zum Französischunterricht Nieweler 2006: 112.
42 Zu Caesar Schauer 2016: 130–141; insgesamt Kuhlmann 2010: 49–52.

sar die implizite Funktion der Lesermanipulation beträchtlichen Einfluss auf die textuelle und sprachliche Gestaltung des *Bellum Gallicum* hat.

Um eine solche allgemeine Lese-Orientierung zu erhalten, wurden bereits oben (3.1 und 3.2.1) einige methodische Zugänge präsentiert, die besonders bei Lehrbuchtexten ausreichen. Für die Originallektüre ist es darüber hinaus sinnvoll, Lernenden vor dem Einstieg in ein neues Werk eine entsprechende Einführung zu historischem Hintergrund, Gattung und Intention zu geben, die auch sprachlich-stilistische Besonderheiten sowie zentrale Merkmale der Textgestaltung umfasst. In der Regel bieten die neueren Schulausgaben all diese Informationen, sodass Lernende in der Oberstufe sich die entsprechenden Informationen selbstständig beschaffen können.

Textuelle Merkmale lassen sich gut durch die Vorgabe einer groben Inhaltszusammenfassung/Gliederung des Werkes oder/und eine partielle Lektüre in deutscher Übersetzung bzw. in zweisprachigen Passagen illustrieren. Zweisprachige Passagen haben den Vorteil, dass hier etwa auch textuelle Merkmale des lateinischen Originals – wie im Falle Caesars z. B. die verdichtete Textgestaltung – zunächst ohne Übersetzungsarbeit offenkundig werden:

Kompetenz: Vorgegebene Informationen für eine inhaltliche Orientierung zu neuen Texten nutzen

Zur Orientierung
- Caesar gibt am Anfang des Werkes eine geographische Einteilung Galliens, die (scheinbar) eine Orientierung der Leser ermöglicht.
- Diese Dreiteilung ist Caesars Konstrukt und war vorher nicht geläufig.
- Die römischen Leser hatten keine Karte von Gallien und keine geographische Orientierung.
- Caesar verdichtet seinen Text auf die absolut notwendigen Informationen und lässt alles Überflüssige weg (Wiederholungen von Prädikaten, Konnektoren, Konjunktion *et* u. ä.).

Aufgabe
Weisen Sie die Textmerkmale inhaltliche Dichte und (vermeintliche) Leserorientierung im lateinischen Original nach.

Caesar, Bellum Gallicum 1,1

lateinischer Text	Übersetzung
Gallia est omnis divisa in partes tres,	Gallien ist als Ganzes geteilt in drei Teile,
quarum unam incolunt Belgae,	von denen einen die Belger bewohnen,
aliam Aquitani,	den anderen die Aquitaner,
tertiam,	den dritten diejenigen,
qui ipsorum linguā Celtae,	die in ihrer eigenen Sprache ›Kelten‹,
nostrā Galli appellantur.	in unserer jedoch ›Gallier‹ genannt werden.
Hi omnes linguā, institutis, legibus inter se differunt.	Sie alle unterscheiden sich durch: Sprache, Einrichtungen und Gesetze.

Schlüsselwortmethode und Bausteingeschichte

Für eine inhaltliche Orientierung über bestimmte Textstellen und -abschnitte wird beim Sprachenlernen häufig die »Schlüsselwortmethode« empfohlen bzw. eingesetzt: Schülerinnen und Schüler lesen dann einen Text(abschnitt) und markieren dabei oder anschließend inhaltlich »wichtige« Wörter *(key words)*, um so speziell in komplexen und nicht sofort verständlichen Texten eine erste Orientierung zu erhalten. Doch wie Leisen[43] zu Recht betont, führt ein solcher Einsatz in der Praxis nicht immer zu dem erwünschten Ziel: Um die »wichtigsten« Wörter eines Textes zu bestimmen, muss man ihn zuvor schon recht gut verstanden haben. Demzufolge wissen leseschwächere Schülerinnen und Schüler dann nicht, welche Wörter sie als »wichtig« markieren sollen, und markieren dann »vorsichtshalber« alles.

Auch im Lateinunterricht kann die Schlüsselwortmethode bei der Arbeit an lateinischen Texten oder deutschen Sachtexten zum Einsatz kommen. Doch auch hier zeigt die Erfahrung, dass v. a. lernstarke Schülerinnen und Schüler mit einem ohnehin schon guten Text-Vorverständnis die Aufgabe bewältigen können, während sie für lernschwächere eine Überforderung darstellt. In einer Fremdsprache ist das Auffinden von Schlüsselwörtern in unbekannten Texten zudem ungleich schwieriger als in der Muttersprache. Es kommt hinzu, dass die Bestimmung von Schlüsselwörtern prinzipiell subjektiven Maßstäben unterliegt und selbst bei gut verstehbaren Texten recht unterschiedliche Lösungen innerhalb einer ganzen Lerngruppe nach sich zieht.

Sinnvoll ist daher in lateinischen Texten eher die Vorgabe von Schlüsselwörtern durch die Lehrkraft. Damit ist dieses umgedrehte Verfahren vergleichbar mit der in 3.2.3 vorgestellten Vorgabe von deutschen Inhaltsstichpunkten vor oder neben dem lateinischen Text. Allerdings erfolgt hier die Markierung im lateinischen Text selbst, was beim Lesen die natürliche Augenbewegung durch den Text hindurch nicht stört. Die markierten Schlüsselwörter erhöhen so die Leserlichkeit und ermöglichen die inhaltliche Orientierung durch ein Querlesen des Textes:

---

43 Leisen 2013, I: 142 u. 2013, II: 162 f.

Kompetenz: Vorläufiges Textverständnis stichpunktartig formulieren / ggf.: Überschrift/Thema finden	**Aufgaben** 1. Lies die Überschrift und überfliege den lateinischen Text. 2. Gib anhand der markierten Schlüsselwörter eine kurze Inhaltsangabe zum Text. **Equus ligneus – das hölzerne Pferd (~ Hygin 108)** Graeci cum per decem annos Troiam capere non possent, Epeus monitu Minervae equum ligneum mirae magnitudinis fecit, eoque sunt collecti Menelaus, Ulixes, Diomedes aliique multi Graeci, qui in equo scripserunt: »Graeci Minervae dono dant« et castra transtulerunt Tenedo, quod cum Troiani viderunt et hostes abisse arbitrati sunt, Priamus equum in arcem Minervae duci iussit.

Der »Text« besteht im Grunde aus einer langen Periode, die zu rekodieren sicher keine einfache Aufgabe für die meisten Lernenden darstellen dürfte. Dennoch ist der Inhalt des Textabschnitts mithilfe des von der Lehrbuchphase her vorhandenen inhaltlichen Vorwissens und der markierten Schlüsselwörter leicht und auf einen Blick zu erfassen – gegebenenfalls müssen natürlich unbekannte Vokabeln unter den Schlüsselwörtern angegeben werden. Die gezielte Markierung von Schlüsselwörtern findet sich z. T. auch in deutschen Sachtexten[44] und erleichtert den *top-down*-Prozess bei Lesenden, bevor sie in die Details gehen. Die markierten Begriffe aktivieren das Weltwissen (Schemata bzw. *frames*) der Lesenden, die hier etwa durch die Stichworte »hölzernes Pferd« – »Griechen« – »Trojaner« – »Geschenk für Minerva/Athene« etc. ein kleines »Drehbuch« *(script)* im Kopf erzeugen[45].

Dass dieses Verfahren auch bei eigentlich unbekannten Textinhalten funktionieren kann, zeigt vielleicht folgendes Beispiel aus Tacitus' Historien; es ist bewusst *ohne* Überschrift und enthält zwei Aufgaben für die Nutzer dieses Buches (= Expertinnen und Experten):

---

44 Z. B. durchgehend in *Res Romanae* = Kuhlmann/Pinkernell-Kreidt 2017.
45 Zur Schema-Theorie vgl. Garbe/Holle/Jesch 2009: 50 f. u. 127–133.

Kompetenz: Schlüsselwörter zur Erschließung von Textinhalten nutzen	Aufgaben (für Experten/Lehrkräfte) 1. Geben Sie stichpunktartig den Inhalt der Textpassage wieder. 2. Finden Sie eine Überschrift für die Textpassage. Tac. hist. 4,81 Per eos menses, quibus <u>Vespasianus Alexandriae</u> (…) certa maris opperiebatur, multa <u>miracula</u> evenere, quîs caelestis favor et quaedam in Vespasianum inclinatio numinum ostenderetur. e plebe Alexandrina quidam <u>oculorum tabe</u> notus genua eius advolvitur, <u>remedium caecitatis exposcens</u> gemitu, monitu Serapidis dei, quem dedita superstitionibus gens ante alios colit; <u>precabaturque principem, ut genas et oculorum orbis dignaretur respergere oris excremento</u> …

Die markierten *key words* zeigen vermutlich selbst den mit der Tacitus-Stelle nicht vertrauten Studierenden und Lehrkräften schnell, worum es hier offenbar geht: (Kaiser) Vespasian ist in Alexandria – es geschehen Wunder – ein Blinder erbittet sich von Vespasian Heilung …; als Überschrift ließe sich formulieren: »Wunder in Alexandria« oder »Kaiser als Wunderheiler« oder Ähnliches. Es ist also nicht erforderlich, jede Vokabelbedeutung genau zu kennen oder gar den ganzen Abschnitt bis ins Kleinste rekodiert zu haben, um diese konkreten Aufgaben zu einem sprachlich anspruchsvollen, unbekannten Text zu lösen.

Allerdings erfordert das Verfahren durchaus genaue Überlegungen von Seiten der Lehrkraft, welche Wörter als Schlüsselwörter markiert werden: Je mehr *key words* typographisch hervorgehoben sind, desto genauer wird das Textverständnis, aber umso mehr belastet es naturgemäß das Arbeitsgedächtnis der Lesenden. Gleichwohl ist dieses Verfahren ohne Frage ein besonders gut geeignetes Verfahren zu einer Textvorerschließung, die dann auch von sprachschwächeren Lernenden zu leisten ist.

Die Schlüsselwortmethode lässt sich weiter variieren und als »Bausteingeschichte« zum textbezogenen Wortschatztraining einsetzen: Die Lernenden erhalten dann nach der Lektüre eines Textes *(post-reading-activity)* einzelne Schlüsselwörter und Ausdrücke des Texts als »Bausteine« vorgegeben und erzählen danach die Geschichte nach[46]. Für das o. g. Hygin-Beispiel umgesetzt würde das etwa bedeuten:

Kompetenz: Wortbausteine zur Rekonstruktion von Textinhalten nutzen	Aufgaben 1. Erzähle die Geschichte anhand der Wortbausteine nach. 2. (*ggf.*: … und übersetze dabei die Wortbausteine). Wort-Bausteine equus ligneus – Graeci – Troiam capere – non posse/possunt in equo scribere/scripserunt – dono dare/dant – in arcem duci

---

46 Idee aus Florian 2017: 48–50.

Wahlweise können flektierbare Wörter in ihrer im Text vorkommenden Kasus- und Personalform oder in der Grundform auftauchen. Flektierte Formen können gegebenenfalls noch auf ihre Grundform zurückgeführt werden (*Troiam > Troia; possunt > posse* etc.) Die Bausteine können – wie hier (leichter) – in der textchronologischen Form oder (schwieriger) in einer anderen Reihenfolge präsentiert werden. Die Übung ist natürlich nicht nur als bloßes Wortschatztraining im Kontext sinnvoll, sondern ebenso zur mehrfachen inhaltlichen Umwälzung gelesener Texte mithilfe schüleraktivierender Verfahren: Die Lernenden müssen sich anhand der Aufgabe wieder neu in einer eigentlich bekannten Geschichte orientieren und prägen sich so die Inhaltsstruktur besser ein.

Was aber, wenn es um einen unbekannten Text geht? Der folgende Aufgabentyp zeigt, wie sich über die Sortierung von durcheinander geratenen Teilüberschriften bzw. Abschnittszusammenfassungen ein globales Textverständnis erzeugen lässt. Bei diesem rezeptiven Format handelt es sich um ein angeleitetes Erschließungsverfahren, anhand dessen ein lateinischer Text recht effektiv und schnell in seinen wichtigsten inhaltlichen Zügen erfasst wird. Das Aufgabenformat soll im Folgenden exemplarisch anhand der *Historia Apollonii* (Kap. 1) vorgestellt werden:

Kompetenz: Die Grobstruktur eines Textes herausarbeiten

Aufgabe
Lies dir den lateinischen Text aufmerksam durch. Bringe dann die fünf Teilüberschriften in die richtige, d. h. dem Originaltext entsprechende Reihenfolge. Ordne dazu jede Überschrift z. B. mit unterschiedlichen Farben möglichst einer konkreten Textstelle zu.

Teilüberschriften	Reihung (1-2-3-4-5)
Besuch im Morgengrauen	
Viele Hochzeitsbewerber	
Ein blutiges Verbrechen	
Unnatürliches Verlangen	
Ein König und seine schöne Tochter	

Historia Apollonii, regis Tyri 1
In civitate Antiochia rex fuit quidam nomine Antiochus, a quo ipsa civitas nomen accepit Antiochia. Is habuit unam filiam, virginem speciosissimam, in qua nihil rerum natura exerraverat, nisi quod mortalem statuerat.
Quae dum ad nubilem pervenisset aetatem et species et formositas cresceret, multi eam in matrimonium petebant et cum magna dotis pollicitatione currebant.
Et cum pater deliberaret, cui potissimum filiam suam in matrimonium daret, cogente iniqua cupiditate flamma concupiscentiae incidit in amorem filiae suae et coepit eam aliter diligere, quam patrem oportebat. Qui cum luctatur cum furore,

> pugnat cum dolore, vincitur amore, excidit illi pietas, oblitus est se esse patrem et induit coniugem. Sed cum sui pectoris vulnus ferre non posset, quadam die prima luce vigilans inrumpit cubiculum filiae suae, famulos longe excedere iussit, quasi cum filia secretum conloquium habiturus, et stimulante furore libidinis diu repugnanti filiae suae nodum virginitatis eripuit, perfectoque scelere evasit cubiculum. Puella vero stans dum miratur scelesti patris impietatem, fluentem sanguinem coepit celare, sed guttae sanguinis in pavimento ceciderunt.

Die weiterführende Aufforderung zur veranschaulichenden graphischen Verbindung zwischen Aufgabenelementen und Textblatt sollte zumindest am Anfang immer hinzugefügt werden, um nachvollziehbar und transparent zu machen, auf welche Textpassagen bzw. Ausdrücke genau die Lernenden ihre Zuordnung gründen. Dies erleichtert die anschließende Auswertung und Sicherung und ist besonders dann angeraten, wenn der Ausgangstext keine sofort ins Auge springende visuelle Gliederung aufweist. Denn natürlich ist es leichter und transparenter, einem bereits in fünf Abschnitte unterteilten Text fünf Teilüberschriften zuzuordnen, als in einem langen, zusammenhängenden, optisch kaum oder gar nicht separierten Textblock eigenständig fünf Abschnitte zu finden. Das bedeutet, der Schwierigkeitsgrad der Aufgabe hängt schon in einem bedeutenden Ausmaß davon ab, wie der lateinische Text präsentiert wird. Hier bietet sich Lehrenden eine ausgezeichnete Möglichkeit zur Binnendifferenzierung, indem manche Lernende einen Text z. B. mit bereits gesetzten Absätzen bekommen, während andere den Text als Block erhalten.

Darüber hinaus ist es empfehlenswert, das Verfahren in einem ersten Schritt erst einmal mit einem oder zwei deutschen Texten (z. B. schon fertigen Übersetzungen früherer Lektionstexte) zu trainieren – die zusammenfassende Verschlagwortung längerer Textpartien zu einem prägnanten kompakten Ausdruck erfordert Abstraktionsvermögen und guten Überblick, und zwar nicht nur dann, wenn Lernende selbst solche Teilüberschriften anfertigen sollen (diese aktive Fertigkeit wäre ein anspruchsvollerer Arbeitsauftrag nach einem ganzheitlich-intensiven Lesevorgang, der sich demnach besser im Anschluss an eine Übersetzung eignet), sondern auch, wenn sie sie nur rezeptiv einem Text zuweisen. Die einzelnen Wendungen bzw. Items sollten deshalb so angelegt sein, dass sie jeweils einen möglichst engen lexikalisch-semantischen Bezug zum Ausgangstext aufweisen. Im Beispiel oben wurde diese Prämisse weitgehend beachtet: Die letzte Wendung »Der König und seine schöne Tochter« käme z. B. auch ohne das Adjektiv »schön« aus, wäre dann aber nicht mehr eindeutig dem Textanfang zuzuordnen, wo genau dieses Attribut mehrfach hervorgehoben wird. Besonders gut geeignet sind Items, die ein Wort enthalten, das sich analog im

Original nicht nur einmal, sondern mehrfach an einer bestimmten Textstelle bzw. in einem bestimmten Abschnitt finden lässt: Der Ausdruck »Ein blutiges Verbrechen« etwa wird am Textende doppelt durch je zweimaliges *scelus/ scelestus* bzw. *sanguis* getragen und damit leichter auffindbar. Idealiter unterstützt zudem ein ausgeprägtes Sach- oder Wortfeld im lateinischen Text die Zuordnung, damit das richtige Verständnis nicht nur an einer bestimmten Vokabel hängt: Bei »Viele Hochzeitsbewerber« zum Beispiel müssen Schülerinnen und Schüler gar nicht zwingend das einschlägige Schlüsselwort *matrimonium* kennen – das wäre hier zwar am einfachsten, aber im Verbund mit den im direkten Umfeld befindlichen Syntagmen *ad nubilem aetatem, multi eam petebant* und *magna dotis pollicitatione* entsteht auch so ein recht klares semantisches Feld, das auf das Thema Hochzeit verweist.

Es ergeben sich also bestimmte didaktische Anforderungen für den Einsatz eines solchen Verfahrens. Eine in der Schwierigkeit abgestufte Alternative zum eigenständigen Zuordnen besteht darüber hinaus darin, aus vorgegebenen Reihenfolgen die richtige auswählen zu lassen:

	Aufgabe Lies dir den lateinischen Text aufmerksam durch. Identifiziere die richtige Reihenfolge der Teilüberschriften, d. h. die, die dem Originaltext entspricht (und belege diese am Text).			
Kompetenz: Handlungsschritte in Texten identifizieren/nachweisen	A	B	C	D
	(1) Besuch im Morgengrauen (2) Viele Hochzeitsbewerber (3) Ein blutiges Verbrechen (4) Unnatürliches Verlangen (5) Ein König und seine schöne Tochter	(1) Viele Hochzeitsbewerber (2) Ein König und seine schöne Tochter (3) Unnatürliches Verlangen (4) Ein blutiges Verbrechen (5) Besuch im Morgengrauen	(1) Ein König und seine schöne Tochter (2) Viele Hochzeitsbewerber (3) Unnatürliches Verlangen (4) Besuch im Morgengrauen (5) Ein blutiges Verbrechen	(1) Unnatürliches Verlangen (2) Ein blutiges Verbrechen (3) Ein König und seine schöne Tochter (4) Viele Hochzeitsbewerber (5) Besuch im Morgengrauen

Hier geht es weniger um das eigene Aufspüren der richtigen Themenabfolge als vielmehr um den genauen Abgleich zwischen vorgegebener und tatsächlicher Reihenfolge. Durch das Ausschlussprinzip können Lernende hier rascher und effektiver zur richtigen Lösung kommen. Wie schon angedeutet wurde, kann die Sortier-Aufgabe an verschiedenen Punkten des Lernprozesses im Lateinunterricht eingesetzt werden: Zur Orientierungsfindung in einem noch gänzlich unbekannten Text oder zur systematischen Sicherung eines bereits behandelten.

Wird ein neuer Text so erschlossen, bieten sich darauf aufbauend entweder bewusst verweilende Anschlussaufgaben an (z. B. in kreativ-produktiver Weise selbst eine ausformulierte Geschichte zu den Stichpunkten verfassen) oder ein zügiges Voranschreiten zu den Folgekapiteln bzw. -texten, um unter Verzicht auf statarische Textarbeit einen hohen Lektüreumsatz zu erzielen.

3.3.2 Selektives Detailverstehen

Abwechselnd-zweisprachige Texte: Verstehensinseln nutzen

Die Vorgabe von Schlüsselwörtern (s. o. 3.3.1, S. 67) kann dazu dienen, »Verstehensinseln« in Texten zu schaffen. Diese allein führen schon zu einem selektiven Detailverstehen des Textes. Darüber hinaus wecken die durch die Schlüsselwörter im Kopf der Lesenden aktivierten Schemata weitere Vorerwartungen über den restlichen Inhalt des Textes, die sich anhand der sprachlichen Informationen überprüfen lassen. Zudem werden die Verstehensinseln inhaltlich miteinander verknüpft und mental (vorläufig-versuchsweise) in eine möglichst kohärente Gesamtgeschichte eingefügt.

Alternativ lassen sich zu demselben Zweck gleich deutsche Verstehensinseln in einen lateinischen Text integrieren, die im Übrigen natürlich ebenso ein orientierendes Lesen ermöglichen. Denkbar ist etwa die Vorgabe von Textbeginn und -schluss auf Deutsch, v. a. aber von Teilen mitten im Text, die dann als entsprechende »Inseln« für das weitere Verstehen fungieren. Schon oben (2.1.2) wurde das Verfahren anhand einer adaptierten Livius-Stelle zur Gründung Roms – d. h. mit einem recht bekannten Inhalt – kurz vorgestellt. Gut geeignet ist das Verfahren gerade für sprachlich komplexere Texte mit unbekanntem Inhalt, wie hier am Beispiel des Beginns der Plautus-Komödie *Mostellaria* illustriert wird[47]:

---

47 Zum Verfahren Eickhoff in: Kuhlmann 2010: 158–171.

| Kompetenz: Lateinische Texte mithilfe deutscher Verstehensinseln paraphrasieren/übersetzen | **Aufgaben**
1. Fasse den Inhalt des Textabschnitts anhand der deutschen Verstehensinseln kurz zusammen.
2. Stelle lateinische Ausdrücke zum Thema »weggehen, verschwinden« im Text zusammen.
3. Gib eine genaue Wiedergabe des ganzen Textes (ggf. Übersetzung).

Plautus' Gespensterkomödie: Der Anfang
Im Hause des Theopropides streiten sich der Land-Sklave **Grumio** *und der Haus-Sklave* **Tranio:**
Grumio: *Verschwinde aus der Küche, du Schuft!*
exi e domo! *Ich werde dich für deine Taten bestrafen!*
exi, exi, dico; nam cur lates *(versteckst dich)?*
Tranio: Cur clamas hic ante domum?
Oder meinst du, du seist auf dem Lande? abscede ex domo!
Hau ab aufs Land! abi directe, abscede ab ianua! *(Er schlägt Grumio)*
Hoc-ne volebas?
Grumio: Perii! Cur me verberas *(schlägst)?*
Tranio: *Weil du lebst!* .... |

Das Verfahren lässt sich an diesem dialogischen Text besonders gut illustrieren, weil das Verstehen von Antworten in der Regel das Verständnis der vorangegangenen Äußerung voraussetzt. Wenn – wie von Eickhoff erprobt – etwa die Äußerungen einer Dialogfigur hauptsächlich auf Deutsch angegeben sind, können Lernende bereits vor einer Dekodierung oder Übersetzung den inhaltlichen Ablauf einer ganzen Partie selektiv verstehen. In der Praxis zeigte sich dabei, dass dieses Verfahren nicht nur das Lesetempo auch der lateinischen Passagen enorm erhöhte, sondern v. a. die Motivation der Lernenden steigerte. Die Schülerinnen und Schüler sind bei diesem alternierend-zweisprachigen Textzugriff nicht orientierungslos dem eigenen Raten ausgeliefert, was wohl der mutmaßliche Gesamtinhalt des Textes sein könnte. Wie Erfahrungen anderer Lehrkräfte zeigen, ist das abwechselnd-zweisprachige Verfahren ebenso für alle anderen Textgattungen und Autoren geeignet und ermöglicht Lehrkräften die Präsentation von sprachlich schwierigen, aber inhaltlich wichtigen Textstellen gleich auf Deutsch, um einen schnellen Textfluss im Sinne einer eher kursorischen Lektüre zu garantieren.

Wort- und Sachfelder finden/nachweisen

Bei der inhaltlichen Dekodierung eines Textes können im Text befindliche Wort- und Sachfelder helfen. Hierbei handelt es sich um Ausdrücke einer oder unterschiedlicher Wortarten, die in einem semantischen Zusammenhang stehen und damit die Kohärenz (Isotopie) eines Textes ausmachen[48]. So finden sich etwa

---

48 Kuhlmann 2009: 124–126.

in folgender Textstelle aus Caesars *Bellum Gallicum* auf engem Raum mehrere Ausdrücke der lateinischen Gerichtssprache, um den Prozess gegen Orgetorix zu schildern (~ Caes. B. G. 1,4):

> ea res est Helvetiis enuntiata. moribus suis Orgetorigem ex vinculis causam dicere coegerunt. Damnatum poenam sequi oportebat, ut igni cremaretur. (...) cum civitas ... ius suum exsequi conaretur, Orgetorix mortuus est.

Die Ausdrücke dieses Sachfeldes zeigen dem Leser des Textes an, dass es sich hier um die Schilderung eines *Prozesses* (als kulturelles Schema) handeln muss, in den die genannte Person Orgetorix verwickelt ist. Gebrauchstexte (Gebrauchsanweisungen, juristische Texte, Fachliteratur) enthalten oft nur begrenzte Sachfelder, literarische Texte können jedoch mehrere konkurrierende Sachfelder innerhalb eines Textabschnitts aufweisen. Jedes Sachfeld eröffnet wiederum für den Leser/Hörer aufgrund der damit verbundenen semantischen Schemata bestimmte Sinnzusammenhänge und szenische Abläufe, die im Sinne eines *top-down*-Prozesses den Text inhaltlich erschließen helfen.

Für die praktische Verwendung im Unterricht sind drei methodische Zugänge denkbar:
a) Am leichtesten ist – wie schon oben im Falle der Schlüsselwörter – eine typographische Markierung von Sachfeldern vorab im Text. Dies kann besonders bei schwierigen Texten oder bei schwächeren Lernenden eine erste Orientierung über das Textthema geben. Zudem erhöht dies das Lesetempo für eine intendierte »kursorische« Lektüre.
b) Etwas schwieriger ist eine gezielte Suche nach Ausdrücken zu einem/mehreren vorgegebenen Sachfeld(ern) im Text; die Kompetenz liegt in diesem Fall darin, Sachfelder in einem Text *nachzuweisen*. Dies ist für den Unterricht oder für Leistungsbeurteilungen dennoch eine Aufgabe für das Fundamentum.
c) Die schwierigste Variante besteht darin, *selbstständig* Sachfelder in einem Text zu *finden*, was wiederum ein recht gutes Vorverständnis und eine gute Wortschatzbeherrschung voraussetzt. Somit ist diese Aufgabe eher als Additum einsetzbar.

Die Varianten b) und c) können wiederum entweder an einem unbekannten Text als Teil einer (Vor-)Erschließung eingesetzt werden oder an einem bereits bekannten/übersetzten Text, um die inhaltliche Struktur weiter zu erschließen, den Wortschatz sachfeldbezogen zu trainieren oder stilistische Besonderheiten herauszuarbeiten. Aufgrund dieser unterschiedlichen Parameter lässt sich die Arbeit mit Sachfeldern vielfältig einsetzen und recht fein im Schwierigkeitsgrad skalieren, sodass binnendifferenzierte Zugänge leicht möglich sind.

Die unterschiedlichen Komplexitätsgrade kann ein Pliniustext als Beispiel der Originallektüre zeigen:

Kompetenz: Sachfelder in lateinischen Texten identifizieren/nachweisen	**Aufgabe-Varianten** a) Finde Sachfelder im Text und nenne die dazugehörigen Ausdrücke *(Additum)*. b) Weise Ausdrücke zu den Sachfeldern »Brief«, »Tagesablauf«, »*otium*«, »geistige Tätigkeit/Wahrnehmung« (…?) nach *(Fundamentum)*. **Plin. 9,36,1–2** G. Plinius Fusco suo 1 Quaeris, quemadmodum in Tuscis diem aestate disponam. Evigilo, cum libuit, plerumque circa horam primam, saepe ante, tardius raro. Clausae fenestrae manent; 2 mire enim silentio et tenebris ab iis, quae avocant, abductus et liber et mihi relictus non oculos animo, sed animum oculis sequor, qui eadem quae mens vident, quotiens non vident alia. Cogito, si quid in manibus, cogito ad verbum scribenti emendantique similis nunc pauciora, nunc plura, ut vel difficile vel facile componi tenerive potuerunt. Notarium voco et die dimisso, quae formaveram, dicto; abit rursusque revocatur rursusque dimittitur. (…) Vale.

Zwar enthalten die literarischen Briefe des Plinius in der Regel nur ein Oberthema, was die Auffindung von Sachfeldern als leicht erscheinen lassen könnte. In der Praxis enthalten jedoch auch diese Texte mehrere Sachfelder, die einander überlagern oder ineinander übergreifen. In Aufgabe b) sind daher einige denkbare Beispiele für Sachfelder aufgeführt, die sich anhand der ersten zwei (von sechs) Briefparagraphen bestimmen lassen. In einem wirklichen Unterrichtseinsatz sollten nicht unbedingt alle hier genannten Sachfelder im Text nachgewiesen werden; die Auswahl zeigt einfach nur die Schwierigkeit, ein einfaches und explizites Sachfeld für den relativ kurzen Textabschnitt zu finden.

Das Textbeispiel zeigt zugleich, warum auch eine nachträgliche Sachfeldarbeit *(post-reading)* ein sinnvoller Beitrag zur Interpretation sein kann: Hier ist der ganze Brief durch Ausdrücke zum Sachfeld Zeit/Tagesablauf strukturiert. Zugleich inszeniert Plinius auf paradoxe Weise eine enge Verbindung zwischen eher geistigen Tätigkeiten und einer scheinbar straffen Zeittaktung in einer Umgebung des *otium*.

Polyseme Ausdrücke im Textkontext monosemieren und Bedeutungen kontextuell inferieren

Ein wichtiger Teil selektiver Texterschließung ist die Monosemierung mehrdeutiger Wörter oder Ausdrücke aufgrund des Textkontextes. Bereits oben (2.1.2) war das deutsche Wort *Schloss* als Beispiel genannt worden, das in einem Kontext mit *Graf, König* u. ä. eher als Gebäude, in einem Kontext mit *Student, Fahrrad, Tür* etc. eher als Schließapparat zu identifizieren ist. In fremdsprachigen Texten stellt diese Art von Monosemierung immer eine große Herausforderung dar, wie das deutsche Beispiel zeigen kann: In einem Satz *Die Studentin kaufte sich ein Schloss für ihr Fahrrad* ist für deutsche Muttersprachler die Bedeutung »Schließapparat« offensichtlich. Einen fremdsprachigen Deutschlerner, der nur die Bedeutung »Gebäude, Palast« kennt, würde der Satz in großes Erstaunen versetzen bzw. er würde bemerken, dass die gelernte Bedeutung von *Schloss* an dieser Stelle nicht stimmen kann.

Im Lateinunterricht können Lernende prinzipiell zur Monosemierung die Vokabelverzeichnisse ihrer Lehrbücher oder Wörterbücher benutzen. Doch trotzdem fällt die Auffindung der richtigen Bedeutung vielen Lernenden schwer[49]. In dem o. g. Caesarbeispiel (B. G. 1,4) dürfte etwa das mehrdeutige Substantiv *causa* für viele Lernende schwer verständlich sein: Hier bedeutet es nicht »Grund, Ursache; wegen«, sondern eher »Rechtssache« und im Kontext mit *dicere* etwa: »seinen Rechtsstandpunkt vertreten > sich verteidigen«. In diesem Fall geben die Schulausgaben die Spezialbedeutung in der Regel an. In vielen anderen Fällen hingegen müssen die Lernenden die Monosemierung selbst vornehmen.

Berücksichtigt man die hohe Relevanz der Lexik für die Konstruktion von Textverständnis, so wird unmittelbar klar, dass unter Umständen schon ein paar ungünstig bzw. unpassend gewählte Wortbedeutungen ausreichen, um den Sinn eines kompletten lateinischen Textes erheblich zu verdunkeln. Diese Herausforderung stellt sich praktisch von der ersten Lateinstunde an, betrifft Anfänger genauso wie professionelle Übersetzer und sollte daher immer wieder thematisiert werden.

Besonders eindrücklich ist es, wenn man sich zunächst einmal bewusst macht, in welch hohem Ausmaß die Herausforderung der Monosemierung in der Praxis zu leisten ist. Der folgende Lehrbuch-Ausschnitt gehört in die ersten Stunden des Anfangsunterrichts, und schon hier tauchen zahlreiche potentiell mehrdeutige lateinische Vokabeln auf (als Basis wurde das zugehörige Vokabelverzeichnis herangezogen), mit denen die Schülerinnen und Schüler umgehen können müssen, um einen Sinn zu ermitteln:

---

49 Dazu ausführlich Florian 2017: 30–39 und 137–159.

> **Kompetenz: Wortbedeutungen im Textkontext monosemieren**
>
> **Aufgabe**
> Entscheide dich für die jeweils passendste deutsche Wiedergabe der markierten lateinischen Ausdrücke.
>
> **VIVA, Lektion 3: Augen auf beim Sklavenkauf**
>
> | | |
> |---|---|
> | Aurelia: »Gallus servus malus est. Negotia non curat.«
Paulla: »Iniquum est! Gallus servus bonus est! Puer est et fortunam miseram tolerare debet.«
Sextus: »Tace, Paulla! Necesse est emere ancillam probam.«
Aurelia: »Ita est!« | Aurelia: »Gallus ist ein schlechter/böser Sklave. Er behandelt nicht/pflegt nicht/kümmert sich nicht/sorgt nicht für seine Arbeiten/Aufgaben/Geschäfte/Handel.«
Paulla: »Das ist ungleich/ungerecht! Gallus ist ein guter Sklave! Er ist ein Junge und muss/schuldet/verdankt ein(en) bedauernswerten(-s)/unglücklichen(-s) Zufall/Glück/Schicksal ertragen.«
Sextus: »Schweig, Paulla! Es ist notwendig, eine tüchtige/anständige/gute Sklavin zu kaufen.«
Aurelia: »So ist es!« |

Betrachtet man allein die ersten beiden Äußerungen, so ist hier ein Drittel aller Wörter (sieben von 20) laut Vokabelverzeichnis polysem. Schaut man genauer hin, fallen darunter zwar auch semantisch eher unproblematische Quasi-Synonyme wie ›schlecht‹/›böse‹ oder ›bedauernswert‹/›unglücklich‹, doch es bleiben mehr als genug Möglichkeiten für Anfänger, einen ganz und gar schiefen Sinn zu konstruieren. Allein der Umgang mit Vokabelangaben, die einander geradezu zu widersprechen scheinen oder zumindest stark voneinander abweichen (im Beispiel oben z. B. *fortuna* – »Zufall, Glück, Schicksal« oder *debere* – »schulden/verdanken«), sodass je nach Entscheidung ein völlig anderer Textsinn entsteht, erlaubt vielfältige Missgriffe. Denkbar (und keineswegs völlig aus der Luft gegriffen, wie vielfältige unterrichtspraktische Erfahrungen zeigen) wäre immerhin folgende beispielhafte, so gut wie unverständliche Wiedergabe:

»*Gallus ist ein böser Sklave. Er behandelt nicht seine Geschäfte.*« – »*Das ist ungleich! Gallus … ist ein Junge und schuldet (es), ein bedauernswertes Glück zu ertragen.*«

Dabei ist noch nicht einmal berücksichtigt, dass es in vielen Fällen zu einem beträchtlichen syntaktischen Umbau des Deutschen kommt bzw. kommen muss, je nachdem für welche Variante man sich entscheidet (vgl. die ganz unterschiedliche Konstruktion der im Lehrbuch zu findenden deutschen Bedeutungsangaben zu *curare* oder *debere* im Beispiel oben): Auch an dieser, v. a. bei der schriftlichen Rekodierung virulenten Anforderung kann das korrekte Monosemieren in vielfacher Weise scheitern.

Wie sehr das Textverständnis jedenfalls an der adäquaten Auffassung von Polysemen hängt, sollte dabei nicht unterschätzt werden. Aufschlussreich kann es bereits sein, einen ganz kurzen Satz wie *negotia non curat* mit seinen unterschiedlichen Wiedergabemöglichkeiten in den Blick zu nehmen. Eine angemessene Lösung lässt sich hierfür nur finden, wenn Lernende auf allen Ebenen über genügend Vorwissen verfügen (lexikalisch: Was bedeuten eigentlich die deutschen Ausdrücke »pflegen« oder »Handel«?; idiomatisch: Sagt man »Geschäfte behandeln« oder »Aufgaben pflegen« oder geht das nicht?; kulturell: Was tun Sklaven in der Antike, was nicht?; kontextuell: Wer war noch einmal Gallus? etc.) und wenn sie in der Lage sind, die angegebenen Bedeutungen gegeneinander abzugrenzen und auf ihre Angemessenheit hin zu überprüfen. Für diese Abgrenzung jedoch ist große zielsprachliche Kompetenz und auch ein gewisses Sprachgefühl erforderlich, weil man die teilweise nur feinen semantischen Unterschiede erfassen und beschreiben können muss. Dies leisten bei weitem nicht alle Lernenden eigenständig bzw. intuitiv. Deshalb muss hier im Unterricht vom Start weg immer wieder zielgerichtet an solchen Vokabeln gearbeitet werden. Im Übrigen sind hier auch die Lehrbücher gefordert, nicht einfach kommentarlos die Bandbreite der jeweiligen Bedeutungen aneinanderzureihen, sondern transparente Verwendungsbeispiele und Zuordnungshilfen zu geben.

In der Praxis wird man hier in jedem Fall kleinschrittig anfangen und zunächst nur an einzelnen, isolierten Ausdrücken semantische Abgrenzungen vornehmen lassen. Ein entsprechendes Verfahren, das das Arbeitsgedächtnis nicht überlastet, kann die Präsentation teilweise zweisprachiger Texte sein, in denen die Lernenden nur ausgewählte Wörter monosemieren, wie z. B.[50]:

	Aufgabe
Kompetenz: Wortbedeutungen im Kontext erschließen	Finde die richtige Bedeutung in den Lücken anhand des Kontextes.
	Romulus und Remus

Fertur primum Remo augurium venisse: sex voltures in monte apparuerunt. Statim augurium nuntiatum est. Cum duplex numerus Romulo se ostendisset, fratres de regno contendere coeperunt. Postremo ira eos ad caedem vertit; ibi Remus in turba cecidit.	____, zuerst sei dem Remus das Vogelzeichen erschienen: Sechs Geier erschienen ____ Berg. Sogleich wurde das Zeichen gemeldet. ____ doppelte Anzahl sich dem Romulus gezeigt hatte, begannen die Brüder, ____ Herrschaft ____. Schließlich brachte der Zorn sie ____ Totschlag. Dort fiel Remus ____.

Hilfen: ferre: tragen, bringen, berichten. **in:** in, auf, gegen. **cum:** mit; als, nachdem, obwohl, weil. **contendere:** eilen, sich anstrengen, behaupten, streiten. **ad:** zu, nach, bei. **turba:** Menge, Masse, Getümmel.

---

50 Vgl. Kuhlmann/Horstmann 2018: 51 f.; Brendel/Kuhlmann/Vollstedt 2018: 4 f.

Die Aufgabe illustriert Lernenden, dass Bedeutungen nicht beliebig aus Vokabelverzeichnissen oder Wörterbüchern ausgewählt werden können, sondern immer ausgehend vom Kontext bestimmt werden müssen. Hier sind die unterschiedlichen Bedeutungen gleich als Hilfen *(scaffolding)* aufgeführt, um eine aufwendige Sucharbeit im Wörterbuch zu vermeiden. Wenn wie hier die meisten anderen Wortbedeutungen im Text durch die deutsche Teilübersetzung angegeben sind, ist die Aufgabe für die meisten Lernenden gut zu bewältigen. Sie lässt sich zudem gut in Klassenarbeiten für eine Verpunktung der Teilübersetzungen einsetzen. Eine andere Möglichkeit besteht darin, bei Klassenarbeiten (sofern prüfungsrechtlich möglich) den Lernenden das Wörterverzeichnis des Lehrbuchs zur Verfügung zu stellen, um so die Arbeit mit dem Wörterbuch in späteren Klausuren allmählich vorzubereiten.

Eine etwas schwierigere Variante dieses Aufgabentyps besteht darin, Wortbedeutungen überhaupt aus dem Kontext heraus zu inferieren. Dies kann die Arbeit an bestimmten Textstellen ebenso wie die Wörterbuchbenutzung entlasten. Mit demselben Text kann dies so aussehen[51]:

Kompetenz: Wortbedeutungen aus dem Kontext inferieren	**Aufgaben** 1. Erschließen Sie mögliche Bedeutungen in den Lücken anhand des Kontextes. 2. Schlagen Sie danach die entsprechenden Wörter im Wörterbuch nach.	
	Romulus und Remus	
	Fertur primum Remo augurium venisse: sex voltures in monte apparuerunt. Statim augurium nuntiatum est. Cum duplex numerus Romulo se ostendisset, fratres de regno contendere coeperunt. Postremo ira eos ad caedem vertit; ibi Remus in turba cecidit.	Es wird ____, zuerst sei dem Remus das Vogelzeichen erschienen: Sechs Geier ____ auf dem Berg. Sogleich wurde das Zeichen gemeldet. Als sich die doppelte Anzahl dem Romulus ____ hatte, begannen die Brüder, über die Herrschaft ____. Schließlich brachte der Zorn sie zum Totschlag. Dort ____ Remus im Getümmel.

Hier berücksichtigen die Lücken bewusst solche Wörter, die Lernende in der Regel entweder nachschlagen oder nur schwierig finden bzw. auf die Grundform zurückführen können *(cecidit)*. Gleichwohl lässt sich in den meisten Fällen die fehlende Bedeutung aufgrund des Kontextes leicht erschließen. Die anschließende Suche im Wörterbuch ist dann zielgerichtet, weil sich unpassende Wortbedeutungen im Wörterbuch-Artikel leicht ausschließen lassen. Eine solche

---

51 Vgl. Kuhlmann/Horstmann 2018: 51 f.; Brendel/Kuhlmann/Vollstedt 2018: 9.

Aufgabe kann gerade Lemmata berücksichtigen, die keine Lernvokabeln darstellen und daher garantiert nachzuschlagen sind. Doch auch dann sehen die Lernenden, dass sich selbst die Bedeutungen abgelegener Vokabeln zumindest kontextuell annähernd bestimmen lassen.

Textinhalte über Ankreuzaufgaben erschließen
Die Überprüfung von Textverständnis ist, wie letztlich bei jeder auszubildender Teilkompetenz, erst dann valide, wenn sie möglichst wenig durch andere, gleichzeitige oder nachgehende Anforderungen überlagert wird. Wenn man also anerkennt, dass die für den Lateinunterricht so wesentliche schriftliche Übersetzung aufgrund der zahlreichen ineinander verwobenen Fertigkeiten, die Lernende dafür mitbringen müssen, kein idealer Maßstab dafür ist, wie gut ein Text tatsächlich verstanden wurde, braucht es für diesen Teilbereich der Textkompetenz andere Messinstrumente. Dabei lohnt ein Blick in andere Fächer: Nicht umsonst werden im neusprachlichen Unterricht das reine Hör- und Leseverstehen schon seit langer Zeit typischerweise zunächst über Ankreuzaufgaben (Single-/Multiple-Choice), Zuordnungsaufgaben oder allenfalls Kurzantwort-Formate getestet[52]. Dabei handelt es sich um verschiedene Formen der gelenkten Erschließung, die zum einen das Arbeitsgedächtnis der Schülerinnen und Schüler nicht zu überfrachten versuchen und zum anderen dabei ganz bewusst das Problem umgehen wollen, letztlich dann doch unbeabsichtigt mehr die Fähigkeit zur Textproduktion statt der -rezeption zu überprüfen. Die Didaktiken der Neuen Sprachen haben eine große Expertise in diesen Formaten gesammelt und dabei gezeigt, dass trotz der vermeintlichen Schlichtheit dieses geschlossenen oder halboffenen Aufgabentyps ein großer didaktischer Spielraum für Abstufung, Differenzierung und konkrete Zielsetzung besteht.

Diese Verfahren lassen sich aber auch im Lateinunterricht effektiv dazu nutzen, das inhaltliche Textverständnis abzufragen. Sie sind aufgrund ihrer Anlage durch einen besonders niedrigschwelligen Zugang für alle Lernenden gekennzeichnet; das bedeutet aber nicht, dass sie automatisch einfach sind. Entscheidend für den Schwierigkeitsgrad ist zum einen die genaue Position der Frage auf der Skala zwischen einem groben Globalverstehen und einem selektiven Detailverstehen (grobes Überblickswissen ist in der Regel leichter zu erlangen als spezielle Details), zum anderen die relative Abstufung der einzelnen Antwortmöglichkeiten untereinander. Wenn man hier ganz eng an die korrekte Antwort angelehnte falsche Optionen (Distraktoren) wählt, erschwert man ganz erheblich die Bearbeitung, kann damit aber natürlich besonders sorgsames Hin-

---
52 Vgl. Nieweler 2006: 113.

schauen fördern. Diese Bandbreite wird im Folgenden anhand verschiedener Beispiele veranschaulicht; der Bezugstext ist hier erneut das erste Kapitel der *Historia Apollonii, regis Tyri*:

Aufgabe
Lies dir den lateinischen Text durch und kreuze dann an, ob die jeweilige Aussage zutrifft oder nicht – die Zeilenangabe hilft dir beim Finden der fraglichen Textpassage.

Historia Apollonii, regis Tyri

1 In civitate Antiochia rex fuit quidam nomine Antiochus, a quo ipsa civitas nomen accepit Antiochia. Is habuit unam filiam, virginem speciosissimam, in qua nihil rerum natura exerraverat, nisi quod mortalem statuerat.
Quae dum ad nubilem pervenisset aetatem et species et formositas cresce-
5 ret, multi eam in matrimonium petebant et cum magna dotis pollicitatione currebant. Et cum pater deliberaret, cui potissimum filiam suam in matrimonium daret, cogente iniqua cupididate flamma concupiscentiae incidit in amorem filiae suae et coepit eam aliter diligere, quam patrem oportebat.
Qui cum luctatur cum furore, pugnat cum dolore, vincitur amore, excidit illi
10 pietas, oblitus est se esse patrem et induit coniugem.
Sed cum sui pectoris vulnus ferre non posset, quadam die prima luce vigilans inrumpit cubiculum filiae suae, famulos longe excedere iussit, quasi cum filia secretum conloquium habiturus, et stimulante furore libidinis diu repugnanti filiae suae nodum virginitatis eripuit, perfectoque scelere evasit cubiculum.
15 Puella vero stans dum miratur scelesti patris impietatem, fluentem sanguinem coepit celare, sed guttae sanguinis in pavimento ceciderunt.

Aussage	wahr	falsch
Die Geschichte spielt in einer Stadt namens **Antiochus**. (→Z. 1)	☐	☐
Der König dort hatte einen wunderschönen **Sohn**. (→Z. 2)	☐	☐
Der Vater musste **überlegen,** mit wem er sein Kind verheiraten wollte. (→Z. 6–7)	☐	☐
Er entwickelte dabei eine widernatürliche Begierde. (→Z. 6–8)	☐	☐
Antiochus besiegte die intensiven Liebesgefühle rasch. (→Z. 9–10)	☐	☐
Eines Morgens führte er ein langes Gespräch darüber im Zimmer seiner Tochter. (→Z. 11–13)	☐	☐
Weil sie sich wehrte, konnte er ihr die Jungfräulichkeit nicht rauben; sein Verbrechen gelang nicht. (→Z. 13–14)	☐	☐
Sie konnte ihre blutende Wunde nicht verbergen. (→Z. 15–16)	☐	☐

Kompetenz: Einem Text aufgabenbezogen einfachere und komplexere inhaltliche Informationen entnehmen

Diese Form der Single-Choice-Aufgabe bildet ein vergleichsweise niedriges Schwierigkeitsniveau ab. Das liegt zum einen ganz offensichtlich an der Beigabe einer Zeilenangabe, die das aufgabenbezogene *scanning* des Texts wesentlich erleichtert. Zum anderen, zunächst vielleicht weniger evident, ist die wörtliche Entsprechung zwischen der Formulierung der Items und der des Originaltexts nahezu überall recht groß. Das betrifft v. a. die Schlüsselwörter der einzelnen Aussagen, z. B. (2) »Sohn«, (3) »überlegen«, (5) »besiegte«, (8) »blutende Wunde« etc. Intendiert ist hier, dass Lernende diese begrifflichen Anker möglichst rasch im Text wiederfinden und dann gezielt inhaltlich klären können. Das impliziert hingegen nicht, dass die Arbeit damit schon getan ist – ganz im Sinne des Detailverstehens ist durchaus noch genaues Hinschauen gefragt, siehe etwa Item 1, 2, 5 oder 6, wo man sich nicht verwirren lassen darf, sondern den Kontext und/oder auch die grammatische Form *(filiam ≠ filium; vincitur ≠ vincit)* mitbetrachten muss. Um diese Sprachanker-Funktion noch stärker hervortreten zu lassen, könnte man die relevanten Begriffe wie im Beispiel oben noch gesondert markieren (hier im Sinne einer Binnenprogression nur bei den ersten drei Items veranschaulicht). In jedem Fall wirkt es aber erleichternd, dass jedes Item nur ein einziges, recht eng umrissenes Faktum zur Überprüfung stellt; dies erhöht signifikant die lernwirksame Zugänglichkeit der Einzelfallüberprüfung für Schülerinnen und Schüler.

Ein nicht unerhebliches testtheoretisches Problem von insbesondere Single-Choice-Aufgaben mit nur zwei Optionen besteht allerdings in der mangelhaften Reliabilität der Ergebnisse, weil simples Raten sehr erfolgversprechend ist. Deshalb sollten einerseits nicht zu wenige Items/Aussagen zur Überprüfung gestellt werden (besser also ca. 8–10 statt 4–5), um die Zufallstrefferquote nicht unverhältnismäßig in die Höhe zu treiben; andererseits lässt sich auch noch eine zusätzliche Spalte einführen, um das Problem etwas auszuhebeln[53].

Kompetenz: Einem Text einfachere und komplexere Informationen entnehmen	Aufgabe Kreuze an, ob die jeweilige Aussage zutrifft oder nicht. Wenn du die Aussage für falsch hältst, ergänze rechts, wie sie korrekt lauten müsste.			
	Aussage	wahr	falsch	ggf. Korrektur
	Die Geschichte spielt in einer Stadt namens **Antiochus**.	☐	☐	
	Der König dort hatte einen wunderschönen **Sohn**.	☐	☐	

---

53 Vgl. Burmester 2019: 147 f.

Durch den Zwang zur Legitimation einer für falsch befundenen Antwort erfolgt eine wesentlich zuverlässigere Evaluation des individuellen Textverständnisses, die weiter gesteigert werden kann, wenn zusätzlich ein entsprechender lateinischer Textbeleg verlangt wird. Dieses halboffene Verfahren sollte zunächst besonders dann herangezogen werden, wenn wie im Beispiel die zu überprüfenden Aussagen auch wörtlich unmittelbar auf die Aussageebene des Texts Bezug nehmen – eine eigene Korrektur ist dann erfolgsorientierter.

Anders sieht es aus, wenn die Items stattdessen in Form von Paraphrasen daherkommen:

Aussage	richtig	falsch
1. Der Handlungsort der Geschichte erhielt seinen Namen vom dort ansässigen, gleichnamigen König.	☐	☐
2. Es war schwer für den König, seine Tochter zu verheiraten, weil alle vor ihr wegliefen.	☐	☐
3. Antiochus wehrte sich nicht gegen die widernatürlichen Gefühle für seine Tochter.	☐	☐
4. Eines Morgens verschaffte er sich unter einem Vorwand Zutritt zu ihrem Schlafzimmer und vergewaltigte sie.	☐	☐
5. Nach der Tat stand er stumm und fassungslos vor seiner blutenden Tochter.	☐	☐
6. …		

In dieser Form ist die Aufgabe äußerst anspruchsvoll zu lösen. Die einzelnen Items sind nun nicht nur paraphrasenartig formuliert, sodass die Nähe zum Originaltext oftmals nicht mehr auf den ersten Blick zu erkennen ist (vgl. z. B. Ausdrücke wie »der Handlungsort« statt »Antiochia« oder »unter einem Vorwand« statt »als ob er ein Gespräch führen wollte« o. ä.), sie enthalten auch allesamt eine Mehrzahl von Informationen, nicht mehr nur meist eine einzige wie oben im ersten Aufgabenbeispiel. Das belastet das Arbeitsgedächtnis der Lernenden enorm, weil die Einzelinformationen zunächst einmal alle für sich identifiziert und dann separat im Zusammenhang überprüft werden müssen. Bei Item 2 etwa sind dies folgende Einzelaspekte: (1) Der König hat eine Tochter, (2) alle liefen vor ihr weg, (3) deshalb war es schwer, sie zu verheiraten. Ein Textabgleich zeigt: Information (1) und (3) stimmen beide, aber (2) stimmt nicht (→ alle liefen zu ihr hin und wollten sie als Ehefrau). Eine zusätzliche Schwierigkeit ist der im Item gewählte Distraktor »weglaufen«: Nicht wenige Lernende dürften hier rasch das lateinische Prädikat *currebant* (Z. 6) im Text finden und als vermeintlich wörtlichen Beleg für diesen Aussageteil heranziehen.

Insofern ist recht klar, dass eine solche Aufgabe eher keine validen Ergebnisse produzieren dürfte, wenn sie zur Erschließung eines unbekannten Textes eingesetzt wird. Sie wäre allerdings deutlich besser dafür geeignet, im Anschluss an eine vorherige, kleinschrittig aufgebaute Textarbeitsphase das funktionale Textverständnis zu sichern, indem Lernende abschließend überprüfen können, ob sie den Textinhalt in seinen wichtigsten Zusammenhängen gut verinnerlicht haben.

Die Beispiele sollen zeigen, dass die konkrete Formulierung der zu überprüfenden Aussagen im Verbund mit der adaptiven Bereitstellung oder eben Verweigerung von Bearbeitungshilfen einen sehr hohen Einfluss auf den Schwierigkeitsgrad und damit auf den unterrichtlichen Einsatzort hat.

Zusammenfassend folgen noch einmal wichtige didaktisch-methodische Prinzipien für eine gelenkte Texterschließung mittels Wahr-/Falsch-Fragen:
- Bei der Erstellung solcher Aufgaben sollte man sich als Lehrender ganz praktisch zunächst unbedingt selbst das Textgerüst der jeweiligen Partie verdeutlichen, d. h. die Abfolge der wichtigsten Ereignisse, Gedankengänge bzw. Argumentationsschritte klären. Zielführend ist die Aufteilung in ca. 8–10 ausgewählte Sinneinheiten, die dann entlang des inhaltlichen Textgerüsts in einzelne Items überführt werden können.
- Die Erfolgsorientierung kann erhöht werden, wenn die Items in der Regel jeweils nur eine wesentliche Textinformation enthalten und dazu recht unmittelbar bestimmte Ausdrücke oder Wendungen des Originals aufgreifen, damit eine rasche Auffindbarkeit ermöglicht wird.
- Gleichzeitig lässt sich die Zugänglichkeit durch die Beigabe von relevanten Zeilen- oder Abschnittsnummern erhöhen, um das Arbeitsgedächtnis der Lernenden beim Suchen zu entlasten.
- Um den Ratefaktor weiter zu senken, kann schließlich ggf. eine stichwortartige Korrektur von als falsch erkannten Aussagen verlangt werden, womit aus dem geschlossenen Aufgabenformat ein halboffenes wird.

Die Wahr-/Falsch-Systematik ist ein sehr beliebtes, gleichwohl aber vermutlich nicht das Lerner-freundlichste Verfahren. Das liegt an ihrem ausgeprägten Testcharakter: Lernende werden dazu angehalten, hinter jedem Item eine Falle zu vermuten, weil sie befürchten müssen, vielleicht das entscheidende Detail zu übersehen, das die vorgefundene Aussage doch noch falsch (oder richtig) macht. Die Abgrenzung zwischen »wahr/richtig« und »falsch« kann demzufolge dann besser und mit mehr Überzeugung getroffen werden, wenn sich zwei oder mehr konkrete inhaltliche Aussagen gegenüberstehen, zwischen denen eine Entscheidung getroffen werden muss:

> **Aufgabe**
> Lies dir den lateinischen Text aufmerksam durch und kreuze dann an, welche Aussage jeweils zutrifft.
>
> **Historia Apollonii, regis Tyri**
> 1 In civitate Antiochia rex fuit quidam nomine Antiochus, a quo ipsa civitas nomen accepit Antiochia. Is habuit unam filiam, virginem speciosissimam, in qua nihil rerum natura exerraverat, nisi quod mortalem statuerat.
> Quae dum ad nubilem pervenisset aetatem et species et formositas cresce-
> 5 ret, multi eam in matrimonium petebant et cum magna dotis pollicitatione currebant. Et cum pater deliberaret, cui potissimum filiam suam in matrimonium daret, cogente iniqua cupididate flamma concupiscentiae incidit in amorem filiae suae et coepit eam aliter diligere, quam patrem oportebat. Qui cum luctatur cum furore, pugnat cum dolore, vincitur amore, excidit illi
> 10 pietas, oblitus est se esse patrem et induit coniugem.
> Sed cum sui pectoris vulnus ferre non posset, quadam die prima luce vigilans inrumpit cubiculum filiae suae, famulos longe excedere iussit, quasi cum filia secretum conloquium habiturus, et stimulante furore libidinis diu repugnanti filiae suae nodum virginitatis eripuit, perfectoque scelere evasit cubiculum.
> 15 Puella vero stans dum miratur scelesti patris impietatem, fluentem sanguinem coepit celare, sed guttae sanguinis in pavimento ceciderunt.
>
> **Aussagen**
> 1. ☐ Die Geschichte spielt in einer Stadt namens **Antiochus**.
> ☐ Die Geschichte spielt in einer Stadt namens **Antiochia**.
>
> 2. ☐ Der König dort hatte einen wunderschönen **Sohn**.
> ☐ Der König dort hatte eine wunderschöne **Tochter**.
>
> 3. ☐ Er entwickelte eine widernatürliche Begierde zu seinem Kind, besiegte diese starke Empfindung aber rasch.
> ☐ Er verliebte sich plötzlich heftig in sein eigenes Kind und vergaß fortan völlig, dass er der Vater war.
> ☐ Während er einen Ehepartner für sein Kind suchte, verliebte er sich plötzlich in eine fremde Frau, mit der er viel stritt.

Kompetenz: Einem Text aufgabenbezogen einfachere und komplexere inhaltliche Informationen entnehmen

Dieses Format ist erfolgsorientierter, weil das *tertium comparationis* unmittelbar vor Augen tritt. Das erleichtert Lernenden insofern die erforderliche textbasierte Überprüfung, als das Arbeitsgedächtnis nicht alle denkbaren Aspekte der Aussage beachten muss, sondern nur einen ganz bestimmten. Das Beispiel zeigt wiederum eine mögliche Erweiterung im Vorgehen: Anstatt jeweils nur zwei einander unmittelbar widersprechende und transparent voneinander abgegrenzte Aussagen zu überprüfen, können wie bei Item 3 auch mehrere Optionen angegeben werden, die zusätzlich jeweils auch mehr Informationen (und hier noch dazu in unterschiedlicher deutscher Formulierung) aufweisen. So lässt sich die Komplexität stufenweise steigern oder absenken.

Textinhalte über Rasterfragen erschließen

Ein weiteres geschlossenes Aufgabenformat zur Überprüfung des inhaltlichen Textverstehens stellen Rasterfragen oder »W-Fragen« dar[54]. Hierbei sind Lernende nun nicht mehr vorrangig passiv rezipierend, sondern müssen in kurzer, kompakter Weise auf vorgegebene Fragen zum Textinhalt antworten. Dass es sich hierbei um »W-Fragen« mit entsprechenden Fragewörtern handelt und nicht um die aus den Curricula bekannten Operatoren, ist eine bewusste Wahl: Dieser Fragetyp ist intuitiver, eindeutiger und deshalb gerade für jüngere Lernende leichter zugänglich. Vor allem aber entspricht er passgenau der Zielsetzung eines selektiven Detailverstehens, weil sich auf diese Weise ganz präzise nach bestimmten Informationen fragen lässt. Das übergeordnete Verfahren ist im Übrigen aus dem Deutschunterricht (Verfassen eines Protokolls, Berichts, Pressemitteilung etc.) bekannt, kommt aber letztlich aus dem Journalismus: Mithilfe klar umrissener Fragekategorien kann ein Ereignis strukturiert und nahezu vollständig rekonstruiert bzw. dargestellt werden. Die üblichen sechs Fragen (viele weitere sind natürlich möglich) lauten in Reinform:
- **Wer** ist beteiligt?
- **Was** ist geschehen?
- **Wann** geschah es?
- **Wo** geschah es?
- **Wie** ist es abgelaufen?
- **Warum** geschah es?

Nun ist klar, dass erstens nicht immer alle diese Fragen gleich wichtig sind und zweitens Texte häufig auch gar nicht auf alle eine Antwort bereithalten. Auch der Umfang der erforderlichen Antworten ist meist sehr unterschiedlich: Wer, wann und wo lässt sich in der Regel kurz abhandeln; das Was, Wie und Warum zu erfassen ist oft komplexer und erfordert breitere Ausführungen. Beim Einsatz im Lateinunterricht muss hier also in jedem Fall situativ konkretisiert werden:

---

54 Vgl. Oertel 2006: 79 f.

Aufgabe

Lies dir den lateinischen Text aufmerksam durch und beantworte dann stichwortartig auf Deutsch die aufgeführten Fragen (und gib dazu jeweils einen oder mehrere lateinische Textbelege an, die deine Antwort stützen).

Historia Apollonii, regis Tyri

1 In civitate Antiochia rex fuit quidam nomine Antiochus, a quo ipsa civitas nomen accepit Antiochia. Is habuit unam filiam, virginem speciosissimam, in qua nihil rerum natura exerraverat, nisi quod mortalem statuerat.
Quae dum ad nubilem pervenisset aetatem et species et formositas cresce-
5 ret, multi eam in matrimonium petebant et cum magna dotis pollicitatione currebant. Et cum pater deliberaret, cui potissimum filiam suam in matrimonium daret, cogente iniqua cupiditate flamma concupiscentiae incidit in amorem filiae suae et coepit eam aliter diligere, quam patrem oportebat. Qui cum luctatur cum furore, pugnat cum dolore, vincitur amore, excidit illi
10 pietas, oblitus est se esse patrem et induit coniugem.
Sed cum sui pectoris vulnus ferre non posset, quadam die prima luce vigilans inrumpit cubiculum filiae suae, famulos longe excedere iussit, quasi cum filia secretum conloquium habiturus, et stimulante furore libidinis diu repugnanti filiae suae nodum virginitatis eripuit, perfectoque scelere evasit cubiculum.
15 Puella vero stans dum miratur scelesti patris impietatem, fluentem sanguinem coepit celare, sed guttae sanguinis in pavimento ceciderunt.

Frage	Antwort (ggf. mit Textbeleg)
1. Um welche zwei Hauptpersonen geht es im ganzen Text?	*Antiochus + seine Tochter*
2. Wo lebten die beiden? (→ Z. 1)	
3. Was war das Besondere an dem Mädchen? (→ Z. 2-3)	
4. Welches fatale und widernatürliche Ereignis tritt ein? (→ Z. 4-8)	
5. Von welchen Empfindungen ist der König daraufhin getrieben? (→ Z. 9)	
6. Was geschieht eines Tages im Zimmer der Tochter? (→ Z. 11-14)	

Kompetenz: Einem Text aufgabenbezogen einfachere und komplexere inhaltliche Informationen entnehmen

Eine Stärke dieses Formats liegt sicherlich in der großen Flexibilität und Präzision bei der Fragenerstellung. Je nach didaktischer Zielsetzung lassen sich ganz eng gefasste Fragen formulieren, die Ein-Wort-Antworten verlangen (vgl. im Beispiel oben Item 1, 2), oder Fragen, deren Antwort mehrere Punkte in Aufzählung umfasst (vgl. Item 5), oder Fragen, die nach kleineren und größeren Zusammenhängen suchen und stichwortartig beantwortet werden (vgl. Item 3, 4, 6). Insofern ist das durch die Fragen zum Ausdruck kommende Raster des

Texts je nach Entscheidung des Lehrenden entweder (nur) auf die Ermittlung genereller Textinformationen ausgerichtet (Handlungsträger, -ort, -zeit, Kernaussage etc.) oder (auch) verstärkt auf das Verstehen von Details, Zusammenhängen und Hintergründen. Zusätzliche Hilfestellung kann hierbei übrigens erneut das Verweisen auf bestimmte Textpassagen bzw. Zeilenangaben geben, damit die Schülerinnen und Schüler einen raschen Zugriff gewinnen; diesen Zugriff wiederum kann man für die folgende Auswertungs- und Sicherungsphase sichtbar machen, wenn man, wie im Beispiel oben in Klammern als Option ergänzt, zusätzlich einen oder mehrere lateinische Textbelege verlangt.

Ein zweiter genereller Vorteil ist, dass Rasterfragen nicht nur Anforderungen und Probleme bereithalten, sondern ihrerseits auch als Hilfsmittel zur Texterschließung fungieren können. Allein das simple Durchlesen der sechs kurzen Fragen im Beispiel oben verschafft einem Lernenden bereits viel Wissen über den Inhalt des unbekannten Texts, das er oder sie nun dazu nutzen kann, die gesuchten Details herauszufinden. Im gewählten Beispiel liegt das v. a. daran, dass die Rasterfragen mehr oder weniger den gesamten Originaltext im Blick haben und entsprechend berücksichtigen.

Das muss jedoch nicht der Fall sein, Rasterfragen können auch nur ganz bestimmte, vielleicht sogar zunächst unerheblich wirkende Details abfragen:

Frage	Antwort (mit Textbeleg)
1. Welchen Titel hatte Antiochus inne?	*rex (Z. 1)*
2. Was versprechen ihm die interessierten Hochzeitsbewerber?	
3. In welcher neuen Rolle tritt Antiochus laut Text plötzlich seiner Tochter entgegen?	
4. Wen schickt er aus dem Schlafzimmer, um allein mit ihr zu sein?	
5. Worauf tropft das Blut, das die Tochter nicht verbergen kann?	

Solche speziellen Fragen sind hauptsächlich dann sinnvoll, wenn der zentrale Textinhalt gar nicht mehr unbekannt ist. Wenn nämlich Lernende das grobe Handlungsgefüge bereits kennen, lassen sich über selektive Fragen punktuelle Informationen ermitteln – diese umfassen für sich genommen vielleicht keine wesentlichen Informationen, ergänzen, vertiefen und erhellen jedoch das gröbere Orientierungswissen, indem sie z. B. wichtige Handlungsumstände oder Zusatzinformationen ans Licht bringen.

Bei der praktischen Umsetzung sollte man allerdings im Blick haben, dass die Beantwortung gerade solcher Detailfragen besonders anspruchsvoll für Lernende ist. Im Beispiel oben würde sich etwa defizitäres Vokabelwissen sofort negativ auswirken: Wer die Substantive *rex* (1), *dos* (2), *coniunx* (3), *famulus* (4) oder *sanguis* (5) nicht kennt und auch keine weiteren Hilfsmittel (wie etwa einen nahezu vollständigen Wortspeicher oder eine rasche Nachschlagemöglichkeit) zur Verfügung hat, dem hilft selbst das Finden der korrekten Textstelle nicht weiter. Es empfiehlt sich also, möglichst umsichtig dabei zu sein, Fragen auf Grundlage nur eines einzelnen, bestimmten lateinischen Wortes zu stellen. Dies ist zwar gut möglich bei Eigennamen und geographischen Bezeichnungen (s. o.), auch bei Familienverhältnissen, offiziellen Titeln oder eindeutigen Gefühlsregungen erscheint es angemessen. Darüber hinaus jedoch kommen allenfalls hochfrequente und bereits vielfach umgewälzte Vokabeln dafür infrage.

Didaktisch sinnvoller ist es jedoch, wie im vorherigen Beispiel oben an einigen Items illustriert, nach kleineren Zusammenhängen zu fragen, d. h. kurze Textpassagen (und keine Einzelwörter) als Grundlage für Rasterfragen heranzuziehen. Das ermöglicht es auch Lernenden, die keine sehr guten Vokabelkenntnis haben, über den Kontext dennoch zu einer tragfähigen Lösung zu kommen.

Idealiter sind gerade die etwas anspruchsvolleren W-Fragen (d. h. die nach dem Was, Wie, Warum etc.) auch so angelegt, dass Schülerinnen und Schüler nicht zwingend genau eine bestimmte Textstelle verstanden haben müssen, um die jeweilige Frage zu beantworten, sondern ihre Antwort vielmehr aus mehreren Textpassagen speisen können. Das folgende Beispiel illustriert diese Art von Rasterfragen; es ist eng angelehnt an die Solo-Aufgabenversion Latein (Klasse 8–10) des Bundeswettbewerbs Fremdsprachen des Jahres 2017[55]:

---

55 Müller 2019 f.

> **Kompetenz:** Einem Text aufgabenbezogen einfachere und komplexere inhaltliche Informationen entnehmen
>
> **Aufgabe**
> Lies dir den lateinischen Text aufmerksam durch und beantworte dann stichwortartig auf Deutsch die aufgeführten Fragen.
>
> **Timoleon – Befreier und Wohltäter (~ Nepos, Timoleon, § 3)**
> 1 Moenia urbium deleta templaque deserta refecit. Civitatibus libertatem reddidit. Arcem, quam muniverat Dionysius ad urbem opprimendam, a fundamentis delevit. Cetera tyranni propugnacula demolitus est deditque operam, ut quam minime vestigia servitutis manerent. Ex maximo bello
> 5 tantum otium totae insulae dedit, ut hic videretur conditor urbium earum, non illi, qui initio deduxerant.
> Cum tantis esset opibus, ut etiam invitis imperare posset, maluit se amari quam timeri. Itaque, cum primum potuit, imperium deposuit ac privatus Syracusis vitam reliquam egit. Neque id imperite fecit. Nam quod ceteri
> 10 reges imperio potuerunt, hic benevolentia effecit.
>
> **Fragen**
> 1. Wie beseitigte Timoleon die Spuren des Krieges und der Herrschaft des Tyrannen Dionysius und baute Sizilien wieder auf? (5 Maßnahmen)
> 2. Wodurch erreichte Timoleon sein hohes Ansehen bei den Bürgern Siziliens? (3 Angaben)
> 3. Nach welchem Motto hat Timoleon regiert? Zitiere aus dem lateinischen Text. (1 Zitat)

Man kann hieran gut erkennen, wie spezifische Rasterfragen einerseits eine gute Textdurchdringung gewährleisten und damit recht gut abbilden können, ob Lernende einen Text als Ganzen verstanden haben. Andererseits, und das macht sie in besonderem Maße zugänglich und lernwirksam, fokussieren sie hier eben keinen Einzelaspekt oder verlangen vollständige bzw. erschöpfende Teilantworten, sondern erlauben eine selbstständige Auswahl und Fokussierung. Schülerinnen und Schüler müssen also nicht alle Details des Ausgangstexts verstanden haben, sondern nur genug, um die quantitative Vorgabe der nun halboffenen Aufgabenstellung zu erfüllen.

Im Bundeswettbewerb Fremdsprachen sind Rasterfragen, wie gesehen, seit Jahren ein etabliertes, ergänzendes Mittel zur Evaluation des Textverständnisses. Im schulischen Lateinunterricht sind sie v. a. dann praktikabel, wenn die gestellten Fragen (v. a. die nach dem Was, Wie und Warum) nicht zu sehr auf einzelne Textstellen oder Wörter abzielen und Lernenden genug Hilfestellung geben, falls nötig[56].

---

56 Vgl. Kuhlmann 2017 und Müller 2019 hierzu.

Informationen zuordnen/nachweisen

Jemand, der mit lateinischen Textquellen arbeitet, muss in der Regel bestimmte, schon zuvor bekannte Informationen in dem lateinischen Text wiederfinden. Dies erfordert keine genaue Übersetzung. Vielmehr muss der Benutzer des lateinischen Textes in der Lage sein, diesen auf die gesuchten Informationen hin zu durchsuchen *(scanning)*. Diese Art des selektiven Lesens lässt sich gut im Unterricht anhand verschiedener Varianten trainieren.

Zur Einübung sollte zunächst mit kleinschrittigen und stärker gelenkten Aufgabenstellungen gearbeitet werden, um den Schülerinnen und Schülern das Prinzip zu verdeutlichen. Das folgende Beispiel illustriert diesbezüglich eine Art Maximalprogramm für das erste Kapitel der *Historia Apollonii* (in der Praxis sollte man zunächst kürzere Texte mit entsprechend weniger anzustellenden Nachweisen verwenden):

Kompetenz: In einem Text einfachere und komplexere inhaltliche Informationen nachweisen und belegen.

Aufgabe

Lies dir zuerst den lateinischen Text und dann die zehn deutschen Einzelinformationen dazu aufmerksam durch. Weise dann mit konkreten Belegen/Zitaten nach, wo genau im Text die jeweilige Information steht (identifiziere auf diese Weise mindestens <u>sieben</u> der zehn Informationen).

Historia Apollonii, regis Tyri

(1) In civitate Antiochia rex fuit quidam nomine Antiochus, a quo ipsa civitas nomen accepit Antiochia. Is habuit unam filiam, virginem speciosissimam, in qua nihil rerum natura exerraverat, nisi quod mortalem statuerat.

(2) Quae dum ad nubilem pervenisset aetatem et species et formositas cresceret, multi eam in matrimonium petebant et cum magna dotis pollicitatione currebant.

(3) Et cum pater deliberaret, cui potissimum filiam suam in matrimonium daret, cogente iniqua cupiditate flamma concupiscentiae incidit in amorem filiae suae et coepit eam aliter diligere, quam patrem oportebat. Qui cum luctatur cum furore, pugnat cum dolore, vincitur amore, excidit illi pietas, oblitus est se esse patrem et induit coniugem.

(4) Sed cum sui pectoris vulnus ferre non posset, quadam die prima luce vigilans inrumpit cubiculum filiae suae, famulos longe excedere iussit, quasi cum filia secretum conloquium habiturus, et stimulante furore libidinis diu repugnanti filiae suae nodum virginitatis eripuit, perfectoque scelere evasit cubiculum.

(5) Puella vero stans dum miratur scelesti patris impietatem, fluentem sanguinem coepit celare, sed guttae sanguinis in pavimento ceciderunt.

Information bzw. Textinhalt	lateinische Textbelege
zu 1: a) Antiochus, die Hauptfigur des Texts, war ein bedeutender Mann.	*rex fuit ... Antiochus (Z. 1)*
b) Antiochus' Tochter war sehr schön.	

zu 2: Viele Männer wollten seine Tochter zur Frau nehmen.	
zu 3: a) Plötzlich verliebte sich Antiochus in seine Tochter.	
b) Das gehört sich nicht für einen Vater.	
c) Antiochus kämpfte noch dagegen an, unterlag aber seiner Begierde.	
zu 4: a) Eines Morgens sorgte er dafür, dass sich niemand in der Nähe ihres Schlafzimmers aufhielt.	
b) Seine Tochter wehrte sich nach Kräften.	
c) Antiochus beging ein Verbrechen und verschwand sofort wieder.	
zu 5: Seine Tochter war fassungslos und wie erstarrt.	

Bei einem solchen lernökonomischen Aufgabendesign müssen Lernende nur den jeweiligen Abschnitt scannen, um die verlangten Nachweise zu erbringen. Zugleich ist eine quantitative Mindestvorgabe an insgesamt zu lösenden Items sinnvoll, weil es (gerade zu Beginn) auch bei diesem rein rezeptiven Verfahren schwer genug ist, die deutschen Informationen lexikalisch eindeutig auf das Lateinische zu beziehen. Hier sollte man natürlich nicht voraussetzen, dass die Schülerinnen und Schüler immer sofort alle Nachweise selbstständig finden können.

Eine hohe Lernwirksamkeit kann in jedem Fall v. a. dann erzielt werden, wenn der erste Teil des Arbeitsauftrags – das sorgsame Durchlesen sowohl des lateinischen Texts wie der gesamten deutschen Informationen – ernst genommen wird, bevor die eigentliche Suche losgeht. Gerade im Verbund leisten die zehn Einzelinformationen im Beispiel oben so viel wie eine vorweggenommene genaue Inhaltsangabe, die das Textverständnis enorm unterstützt (insbesondere im Vergleich zu dem verwandten Aufgabentyp der Teilüberschriften-Sortierung [s. o., Kap. 3.3.1], wo allgemein gehaltene, globale Textinformationen zugeordnet werden müssen, ist dieses Verfahren aufgrund seiner dezidierten Kleinschrittigkeit oftmals sachdienlicher und schülernäher). Wer aber weiß, worum es wesentlich in einem Text geht, tut sich erwiesenermaßen viel leichter damit, selektive Details nachzuvollziehen. Es kommt also bei diesem Aufgabentyp darauf an, den intendierten *top-down*-Prozess beim Leseverstehen zielgerichtet zu befördern und damit das herkömmliche Prinzip des *bottom-up*-Lesens auszuhebeln.

Das bedeutet im Umkehrschluss: Sollen nur wenige separate, eher paraphrastisch wiedergegebene Informationen in einem Text (vielleicht noch dazu ohne weitere Eingrenzung des Suchbereichs) nachgewiesen werden, erhöht sich der Schwierigkeitsgrad stark:

Information bzw. Textinhalt	lateinische Textbelege
1. Für die Tochter des Antiochus wurde viel Brautgeld versprochen.	
2. Antiochus verdrängte schließlich, ihr Vater zu sein.	
3. Unter einem Vorwand schlich er sich in ihr Schlafzimmer.	
4. Seine Tochter war fassungslos und wie vom Donner gerührt.	

In dieser Form ist die Aufgabe deutlich komplexer, auch weil die dargebotenen Aussagen kein hinreichendes Textgerüst mehr abbilden. Das hat zur Folge, dass Lernende ohne weitere Orientierung auf die Suche nach den Informationen gehen und sich den Textinhalt dabei in eher mühsamer Weise *(bottom-up)* selbst aneignen müssen. In der Praxis bietet sich eine solche Vorgehensweise demnach wiederum besser zur Nachbereitung bereits besprochener Texte an, weniger für neue.

Ersteres Prinzip dürfte ohnehin didaktisch stärker legitimiert sein: Wer tatsächlich nach der Schulzeit noch einmal mit lateinischen Originaltexten konfrontiert ist und dort, wie oben bereits skizziert, als Historiker, Theologe oder Sprachwissenschaftler ganz bestimmte Sachverhalte verifizieren will oder muss, hat in aller Regel schon ein gewisses Vorverständnis über den zu untersuchenden Text und geht nicht völlig ahnungslos an ihn heran.

Oft ist die Fragestellung, die man in einem solchen Fall an den lateinischen Text heranträgt, allerdings eher übergreifender und grundsätzlicher Natur. Das folgende komplexere Aufgabenbeispiel aus dem Bundeswettbewerb Fremdsprachen verdeutlicht das[57]:

---

57 Solo Plus 2017 von Silke Schepp/Peter Kuhlmann, in: Müller 2019: 68–70.

Texte inhaltlich erschließen 95

> **Aufgaben**
> 1. [ggf. vorab: Informieren Sie sich über den Inhalt des Paris-Mythos, z. B. anhand einer Lehrbuchlektion.]
> 2. Geben Sie [stichpunktartig/als Text] die Informationen zum Paris-Mythos wieder, die der lateinische Hygin-Text enthält.
>
> **Der Mythenexperte Hygin berichtet vom Parisurteil**
> Iupiter, cum Thetis Peleo nuberet,
> ad epulum dicitur omnes deos convocavisse
> exceptā Eride, id est Discordia;
> quae, cum postea supervenisset nec admitteretur ad epulum,
> ab ianua misit in medium mālum *(Apfel);*
> dicit: quae esset formosissima, mālum attolleret.
> Iuno, Venus, Minerva formam sibi vindicare coeperunt,
> inter quas magna discordia orta est.
> Iupiter imperat Mercurio,
> ut deducat eas in Ida monte ad Paridem
> eumque iubeat iudicare.
> Cui Iuno, si secundum se iudicavisset,
> pollicita est in omnibus terris eum regnaturum,
> divitem praeter ceteros praestaturum;
> Minerva, si inde victrix discederet,
> fortissimum inter mortales futurum et omni artificio scium;
> Venus autem
> Helenam pulcherrimam omnium mulierum se in coniugium dare promisit.
> Paris ultimum donum prioribus donis anteposuit,
> Veneremque pulcherrimam esse iudicavit;
> ob id Iuno et Minerva Troianis fuerunt infestae *(feindlich gesonnen)*.
> Paris impulsu Veneris
> Helenam a Lacedaemone ab hospite Menelao Troiam abduxit
> eamque in coniugio habuit.   (~ Hygin 92)

Diese Aufgabe ist sehr praxisbezogen: Man kennt sich bereits recht gut mit einem bestimmten Thema aus (hier: Mythos vom Parisurteil) und will nun überprüfen, inwieweit ein weiterer, neuer Text diesem Vorwissen entspricht oder davon abweicht. In der Praxis zeigt sich, dass sich Lernende oft erst etwas daran gewöhnen müssen, bei Aufgaben dieser Art nicht den Text genau zu übersetzen (*lower-order*-Prozess), sondern wirklich aufgrund ihres Vorwissens zu durchsuchen (*higher-order*-Prozess). Nach einem entsprechenden Durchgang funktioniert das Verfahren in der Regel gut und führt zum gewünschten Ergebnis: Die Lernenden können so ganz bewusst ihr Vorwissen für die Textlektüre einbringen und zugleich deutlich größere Textmengen umwälzen als durch das in der späteren Berufspraxis in der Regel nicht notwendige genaue Übersetzen. Dies würde gerade bei diesem syntaktisch komplexen Text erheblich mehr Zeit in Anspruch nehmen als das vorgeschlagene Verfahren. Dennoch müssen die

Schülerinnen und Schüler auch hier im Text darauf achten, ob sich die erwartete Information wirklich im Text befindet.

Das Verfahren ist im Schwierigkeitsgrad skalierbar: Enthält der lateinische Text viele Informationen, die vorab nicht oder kaum bekannt sein dürften, macht dies die Aufgabe schwieriger. Eine stichpunktartige Wiedergabe ist einfacher als die in Richtung Paraphrase gehende Wiedergabe als Text.

Eine etwas kleinschrittigere Variante mit etwas stärkerer Lenkung wäre eine Filterung der Informationen nach Personen/Göttern. Aufgrund der inhaltlichen Vorgliederung nach Figuren und der Kleinschrittigkeit kann das Verfahren auch bei Texten mit unbekanntem Inhalt zum Einsatz kommen:

Kompetenz: Inhaltsstichpunkte zu lateinischen Texten zusammenstellen	**Aufgabe** Trage stichpunktartig die Informationen ein, die dir der Text zu folgenden Göttern/Personen gibt: Iupiter Eris/Discordia Venus Iuno Minerva Mercurius Paris … … … … … … … **Der Mythenexperte Hygin berichtet vom Parisurteil** Iupiter, cum Thetis Peleo nuberet, ad epulum dicitur omnes deos convocavisse exceptā Eride, id est Discordia; … eamque in coniugio habuit. (Hygin 92)

Ein vergleichbares, ebenfalls im Bundeswettbewerb Fremdsprachen etabliertes Aufgabenformat ist für inhaltlich unbekannte Texte geeignet[58] und im Ganzen anspruchsvoller:

---

58 Vgl. Müller 2019: 36–40.

Aufgaben-Varianten
a) Nenne Handlungen und Reisestationen des Äneas, die im Text vorkommen.
b) Nenne stichpunktartig im Text erwähnte Handlungen und Taten von:

Äneas	Anchises	Romulus
steht an Unterweltspforte	...	...
hat Heimat verlassen		
irrte auf Meer umher		
...		

Aeneas in der Unterwelt (~ VIVA L. 20)
Fulvia dagegen muss nicht in die Schule: Sie wird von ihrem Privatlehrer, einem gebildeten Sklaven, zu Hause unterrichtet. Heute geht es um die Sage von Aeneas:
Aenēās animō sollicitus[1] ad portam rēgnōrum īnfernōrum[2] stetit: Cum amīcīs patriam iussū deōrum relīquerat et multōs annōs per maria errāverat. Iam diū cūrae gravēs eum oppresserant.
Herī autem in somnō umbram Anchīsae[3], patris mortuī, vīderat. Anchises iusserat: »Fīlī, venī ad mē in Dītis[4] inānia rēgna! Tum fātum gentis tuae cognōscēs.«
Quā dē causā pius Aenēās ad īnferōs dēscendit, Stygem[5] flūmen trānsiit, ad rēgna īnferna[2] vēnit. Quō locō nōn sōlum ingentēs bēstiae, sed etiam animae mortuōrum et umbrae futūrōrum[6] hominum habitant.
Pater Anchīsēs, postquam Aenēam vīdit, dīxit: »Vēnistī tandem, tuaque pietās vīcit iter dūrum. Es bonō animō! Tē fāta gentis nostrae docēbō: Ecce umbra Rōmulī, quī urbem Rōmam condet septemque montēs mūrō circumdabit, cum frātrem vīcerit[7]. (...).« Tum Anchīsēs fīlium ad portam redūxit. Aenēās igitur laetus rēgna īnferōrum relīquit.

Hilfen: 1 sollicitus, a, um: beunruhigt – **2 īnfernus,** a, um: unterirdisch, Unterwelts- – **3 Anchīsēs,** Anchīsae *m.*: Anchises *(Vater des Aeneas)* – **4 Dīs,** Dītis: Pluto *(Gott der Unterwelt)* – **5 Styx,** Stygis *f.*: Styx *(Fluss der Unterwelt)* – **6 futūrus,** a, um: zukünftig – **7 vīcerit, imposuerit:** *übersetze wie Perfekt*

Die Aufgabe a) ist etwas einfacher, weil sie sich nur auf die Hauptperson des Textes bezieht. Bei Variante b) müssen die Lernenden den Text genauer scannen, erhalten aber zugleich eine inhaltliche Strukturierung des Textes. Die Aufgaben können vor, statt oder nach einer Übersetzung erfolgen. Gerade wenn eine vorherige Übersetzung viel Energie absorbiert hat, können Aufgaben dieser Art helfen, den Inhalt nicht aus dem Blick zu verlieren. Statt einer Übersetzung können die Aufgaben ebenso für eine kursorische Lektüre eingesetzt werden.

Bild-Text-Zuordnung

Eine kreative Variante des textbezogenen Nachweisens von Informationen, die hier noch Erwähnung finden soll, besteht in Bild-Text-Zuordnungsaufgaben. Hierbei müssen mehrere Bilder bzw. Graphiken jeweils einer konkreten Textstelle zugewiesen werden, sodass sich im Idealfall ein dual kodiertes Textverständnis erzeugen lässt: Das Verstehen des Texts wird durch das zugehörige Bild unterstützt – und umgekehrt. Der lernpsychologische Vorteil liegt auf der Hand: Unser Arbeitsgedächtnis geht mit grafischen Informationen anders um als mit textuellen; die Kombination aus beiden verspricht aufgrund dieser unterschiedlichen Verarbeitung eine bessere, intensivere Vernetzung (noch effektiver wäre freilich eine zusätzliche auditive Darbietung). In den neuen Fremdsprachen ist dieser Aufgabentyp zur Überprüfung der rezeptiven kommunikativen Kompetenzen seit langem etabliert – in den Alten Sprachen fällt es hingegen nicht immer so leicht, an das dafür nötige gute und didaktisch sinnvolle Bildmaterial zu gelangen. Immerhin bieten einige aktuelle Lehrwerke bereits diesbezügliches Zusatzmaterial an, auch diverse gute Comics (z. B. zu Caesars *Bellum Gallicum* oder Ovids *Metamorphosen*) sind inzwischen auf dem Markt erhältlich. Darüber hinaus ist Kreativität und Eigeninitiative nötig; insbesondere die digitalen Medien bieten heute zahlreiche Ressourcen wie auch Möglichkeiten zur Gestaltung eigener kleiner Grafiken. Mit ein wenig Erfahrung ist es z. B. leicht umsetzbar, aus einem gut produzierten Online-Video (sofern rechtlich möglich) einzelne Szenen als Screenshots herauszukopieren und mit einem passenden Text zu vernetzen.

Im Folgenden sei ein anschauliches Beispiel für einen solchen Aufgabentyp gezeigt, das bereits 2017 im Bundeswettbewerb Fremdsprachen (Kategorie SOLO, d. h. Klasse 8–10) zum Einsatz kam. Der Ersteller der Aufgabe (Andreas Weschke/Frankfurt a. M.) hat dazu antike Freskenausschnitte verwendet (im Original in Farbe) und diese auf geschickte Weise didaktisch nutzbar gemacht[59]:

---

59 https://www.bundeswettbewerb-fremdsprachen.de/download/aufgaben-interaktiv-solo oder: *Bundeswettbewerb Fremdsprachen. Aufgabenbeispiele und Lösungen* (Sonderdruck, Bonn 2019).

Texte inhaltlich erschließen 99

Aufgabe
Reiche Römer schmückten ihre Villen gerne mit wertvollen Fresken, die Szenen aus dem Alltagsleben oder der griechisch-römischen Mythologie zeigten. Nun erwachen einzelne Personen auf diesen Fresken zum Leben und beginnen zu sprechen, manchmal auch zu den Betrachtenden.
Ordne die Zahlen aus den Sprechblasen den Äußerungen zu.
Achtung: Ein Satz passt gar nicht. ....

a) Crede mihi! Cantus istius tam terribilis est, ut lyram frangere cupiam!
b) Noli te movere! Puellis, quae pulchrae esse volunt, dolendum esse, certe scis.
c) O Mars, perge, quaeso! Tu vere scis, quomodo femina curis amoreque agitata tractanda sit.
d) Si te moves, femur gladio graviter vulneratum curare non possum.
e) Si amicam meam salvam reportaveris, tibi milia basia dabo, o bestia pulcherrima!
f) Minotauro interfecto omnes me amare et etiam ad pedes iacere mihi valde placet.

Kompetenz: Kurze lateinische Texte begründet einem inhaltlich entsprechenden Bild zuordnen

Auch wenn die fehlende Farbgebung und nicht optimale Auflösung im obigen Abdruck sicher zu Deutlichkeitsverlusten führen, ist es keineswegs so, dass die bunten Fresken, für sich genommen, unmittelbar verständlich sind (dass z. B. im ersten Bild in der linken unteren Ecke ein stierähnliches Wesen offenbar tot auf dem Boden liegt, ist auch in der Originaldarstellung nur zu erahnen). Mit anderen Worten: Selbst für versierte Altphilologen entfalten einige der Bilder erst dann eine plausible und kohärente Botschaft, wenn sie mit dem passenden lateinischen Satz verbunden werden. Dies wiederum geschieht auf sehr durchdachte Weise: Weschke hat nahezu alle Kurztexte konsequent mit mehreren Verweisen auf das entsprechende Bild ausgestattet, sodass die korrekte Zuordnung nie nur auf einem Wort basiert. Ein Beispiel: Selbst wer *lyra* in Satz a) nicht kennt, könnte über *cantus* (zu *cantare*) und/oder die eindeutige Wertung *terribilis* in Verbund mit den vermeintlich rollenden Augen des sich abwendenden Sprechers zur Lösung kommen. Dass es sich hierbei um eine zugespitzte Interpretation des Bildes handelt, die vermutlich ganz und gar nicht der Intention des antiken Künstlers entspricht, ist im Sinne der Schülerorientierung natürlich völlig statthaft.

Insgesamt lässt sich erkennen, dass das Prinzip des Bild-Text-Vergleichs vor allem dann erfolgversprechend ist, wenn der oder die lateinischen Bezugstexte möglichst viele direkte Anknüpfungspunkte zu hinreichend deutlichen Bildern bzw. Grafiken bieten. Diese doppelte Anforderung ist eine durchaus große didaktische Herausforderung. Der im Beispiel zusätzlich eingebaute Distraktor bei den Items erschwert die Aufgabe etwas, zugleich aber sorgt die Integration von Sprechblasen, die mit den zur Wahl stehenden Äußerungen gefüllt werden müssen, für erhöhte Zugänglichkeit. Auf diese Weise nämlich können persönlich gefärbte Botschaften gesendet und nachvollzogen werden (Kritik, Beruhigung, Selbstgefälligkeit, Wunsch etc.) – dies erleichtert die nötige Einführung in die jeweils visualisierte Situation deutlich mehr als neutral gehaltene kurze Inhaltsangaben der einzelnen Szenen.

3.3.3 Intensives/totales Lesen

Beim intensiven oder totalen Lesen (nach anderer Terminologie auch detailliertes Lesen genannt[60]) sollen möglichst alle Informationen eines Textes verarbeitet werden. Das intensive Lesen ist naturgemäß nicht die häufigste Zielrichtung der inhaltlichen Texterschließung, sondern stellt eine vertiefte und besonders anspruchsvolle Weiterführung des orientierenden und suchenden Lesens dar. Inwieweit Lernende einen solchen intensiven Lesevorgang bei einem zuvor unbekannten Text überhaupt erfolgreich bewältigen können, hängt in besonderem Maße vom individuellen Vorwissen sowie von der relativen Textschwierigkeit ab. Mit anderen Worten: Viele Texte sind (sowohl für Novizen wie für Experten) sprachlich und inhaltlich schlicht zu anspruchsvoll und komplex, um sie in jedem Detail zu verstehen. In solchen Fällen sollte die Texterschließung nur auf Aspekte des Global- bzw. allenfalls des Selektivverstehens abzielen. Doch selbst wenn ein vollständiges Textverstehen aus didaktischer Sicht für möglich

---

60 Vgl. Nieweler 2006: 116.

und auch realistisch gehalten wird, bietet es sich an, zuvor andere Formen des methodischen De- und Rekodierens durchzuführen. Das bedeutet, insbesondere eine bereits durchgeführte mündliche oder schriftliche Übersetzung kann als Vorstufe eines intensiven Leseakts gelten – der springende Punkt besteht hierbei aus didaktischer Sicht eben darin, nicht schon die Übersetzung selbst als Ausdruck eines detaillierten Textverständnisses zu betrachten.

Für die Frage der praktischen Umsetzung lohnt sich zunächst ein Blick auf einen Vorschlag von J. Sauer und W. Czaplinsky[61]. Sie formulieren eine zweigeteilte, allgemein gehaltene Aufgabenstellung für lateinische Texte (nach der Übersetzung), die vier zentrale, eng miteinander verbundene Aspekte des profunden Textverstehens umfasst:

1. Erzählen Sie die Textepisode nach [Kohärenz bzw. Konnektivität] und arbeiten Sie das verhandelte Problem heraus [Problembewusstheit]. Belegen Sie Ihre Beobachtungen am Text [Referenzierung].
2. Erörtern Sie die Motive der Protagonisten für ihr Handeln vor dem Hintergrund Ihres Wissens über die römische Kultur [Historische Kontextualisierung].

Sauer/Czaplinsky machen also vier Teilkompetenzen aus, die eine analytische Gliederung von Textverständnis erlauben. Die Schülerinnen und Schüler sollen dabei keine spezifischen Einzelfragen beantworten, sondern einen kurzen Freitext verfassen – auf diese Weise könne besser und umfassender erkannt werden, wie ausgeprägt das Textverständnis sei und wo es Wissens- und Verstehenslücken gebe[62]. Bei der Auswertung wird innerhalb jedes Bereichs überprüft, welche von drei Stufen erreicht wurde. Hier nur ein Beispiel: Wer etwa bei der ersten Teilaufgabe (kohärentes Nacherzählen) lediglich die Ereignisse des Textes additiv ohne Verknüpfung aufzählt, steht auf Stufe 1, wer sie untereinander z. B. nach Ursache-Wirkung-Relationen verknüpft, erreicht Stufe 2 (hier liegt laut den Autoren das Mindest-Lernziel), und wer schließlich die Geschehnisse aspektorientiert referiert und auf Basis innerlich-charakterlicher Einstellungen wie äußerer Umstände konsistent erklärt, hat Stufe 3 erreicht.

Das vorgeschlagene Verfahren ist in seinem umfassenden Anspruch sicher prinzipiell eher der Sekundarstufe II zuzuordnen. Neben den dem AFB III angehörigen Operatoren (z. B. »Herausarbeiten«, »Erörtern«) und der ganz offen gehaltenen Freitextkonzeption liegt dies v. a. an der im Modell besonders wichtigen vierten Teilaufgabe der historischen Kontextualisierung: Sauer/Czaplinsky

---

61 »Kompetenzorientierte Diagnose des Textverständnisses mittels freier Texte«, in: AU 4+5/2017.
62 Sauer/Czaplinsky 2017: 82.

schreiben zu Recht, dass im Lateinunterricht nun einmal besondere Texte gelesen werden, bei denen es darum gehe, »den Abstand zwischen der Gegenwart des Autors und der Gegenwart des Verstehenden intellektuell zu bewältigen«[63]. Um diesen Akt der historischen Kommunikation zu leisten, müsse textexternes kulturelles Wissen herangezogen werden, um sich möglichst gut der Perspektive eines primären Rezipienten anzunähern und so zu einem wirklich tiefgründigen Textverständnis zu gelangen.

Der Vorzug dieses ganzheitlichen Verfahrens, das Textverstehen und Interpretation eng miteinander verzahnt, liegt darin begründet, dass seine recht klar voneinander abgegrenzten vier Schritte dabei helfen zu verdeutlichen, was tiefgehendes Textverständnis eigentlich ausmacht: Zusammengehen sollten

(1) eine treffende und vollständige Nacherzählung,

(2) eine deutlich benannte zentrale Frage oder Problemstellung,

(3) eine substantielle historisch-kulturelle Einordnung sowie

(4) nicht zuletzt eine durchgehende Anbindung an konkrete Textbelege,

um mit Fug und Recht behaupten zu können, dass man einen lateinischen Text wirklich »verstanden« hat.

Auch Lernenden gegenüber lässt sich dies anschaulich aufzeigen und nachvollziehbar machen. Insofern greift es aus Sicht der kognitiven Linguistik, die für dieses fachdidaktische Modell Pate stand, viel zu kurz, beim intensiven bzw. totalen Lesen lediglich nach allen inhaltlichen Details suchen zu lassen – streng genommen wird hiermit nur der erste Aspekt des kohärenten und vollständigen Nacherzählens berücksichtigt, aber kein echtes Textverständnis erreicht. Demgegenüber muss aber betont werden, dass die wenigsten Schülerinnen und Schüler (auf sich allein gestellt) in hinreichendem Maße dazu in der Lage sein dürften, bspw. eine profunde historische Kontextualisierung (Schritt 4) zu leisten. Hierfür ist breites Vorwissen, gezielte unterrichtliche Arbeit und große interkulturelle Kompetenz vonnöten; auch fortgeschrittene Lernende wie z. B. die meisten Studierenden können dies nicht ohne Weiteres hinbekommen.

Gleichwohl wäre schon viel gewonnen, wenn Lateinlernende nach der intensiven Arbeit an einem Text (inklusive schriftlich vorliegender Übersetzung) dazu imstande wären, die von Sauer/Czaplinsky benannten ersten drei Stufen hinreichend zu bewältigen: die möglichst vollständige Wiedergabe seines Inhalts, die Herausarbeitung seines zentralen Themas sowie, damit verbunden, eine überprüfbare Referenzierung ihrer Punkte am Original. Weiter oben wurde schon besprochen, wie die Schülerinnen und Schüler zu einer übergreifenden thematischen Einordnung bzw. Grobgliederung eines lateinischen Texts kom-

---

63 Sauer/Czaplinsky 2017: 82.

men (Globalverstehen) und wie man das Nachweisen von Informationen und Teilaussagen didaktisch-methodisch fördern kann (Selektivverstehen) – deshalb wird im Folgenden die Aufgabe einer Nacherzählung näher beleuchtet.

Dabei lässt sich der Bezugsrahmen etwas erweitern: Eine Nacherzählung muss (und sollte) nicht immer bei einer reinen Wiederholung stehenbleiben, bei der lediglich ein Nachsprechen bzw. Kopieren der Informationen stattfindet. Stattdessen kommt es darauf an, dass Lernende mit dem Textformat der Paraphrase zunehmend kompetent umgehen können. Grundsätzlich ist nämlich gerade das Paraphrasieren in der Sprachdidaktik ein sehr wirkungsvolles Verfahren, um mit Kommunikationsproblemen umzugehen und Missverständnisse zu klären – durch die Anforderung, einen vorliegenden Text mit eigenen Worten präzise wiederzugeben, müssen Lernende Rechenschaft über ihr eigenes Textverständnis ablegen. Zugleich liegt es in der Natur der Paraphrase, dass ihre Verfasser sich mit den Grundlagen der Sprechakttheorie (nach J. L. Austin und J. Searle) auskennen müssen. Das bedeutet, Lernende müssen zunehmend in der Lage sein, zwischen einem lokutionären Sprechakt (= die konkrete Äußerung mit greifbarem Bezug zu Gegenständen und Ereignissen der Welt), einem illokutiven Akt (= das eigentlich Gemeinte, aber aus Scham, Höflichkeit, List etc. nicht explizit Formulierte) und ggf. auch einem perlokutiven Akt (= die intendierte Wirkung einer Äußerung) zu unterscheiden. Dies gilt natürlich vor allem für dialogische oder argumentative Texte, aber auch Erzähl- oder Sachtexte können selbstverständlich eine implizite bzw. versteckte Botschaft und Wirkungsabsicht haben. Diese zu durchschauen ist nicht immer einfach, aber auch keinesfalls immer eine hochanspruchsvolle Aufgabe – von klein auf sind wir infolge verschiedener, im Hintergrund ablaufender Sozialisationsmechanismen daran gewöhnt, sprachliche Umwege zu gehen und zu verstehen. Ein simples Beispiel: Die Oma sagt zu ihren Enkeln: »Oh, das ist aber ganz schön laut hier.« Die banale Feststellung (Lokution) wird schon von kleinen Kindern rasch treffend umgedeutet als verdeckter Appell: »Spielt bitte woanders/leiser!« (Illokution), eventuell verbunden mit der leisen Hoffnung, dass die Kinder in Zukunft mehr Rücksicht nehmen (Perlokution). Nun könnte eine Paraphrase dieser Äußerung der Oma natürlich schlicht lauten: »Die Großmutter weist ihre Enkel auf den hohen Lautstärkepegel hin.« Wenn aber vertieftes Textverständnis zum Ausdruck gebracht werden soll, kann und sollte der illokutive Gehalt der Botschaft mitberücksichtigt werden, z. B. so: »Die Großmutter fühlt sich von den lautstark spielenden Kindern gestört.«

Je besser Lernende sich in einen Text hineinversetzen können, desto leichter fällt es ihnen, Illokutionen zu erkennen und zu benennen. Dafür ist zum einen ein breites Weltwissen erforderlich *(top-down)*, um konkrete Sprechakte auf

Basis eigener Erfahrungen und Beobachtungen passenden kulturellen Schemata zuzuordnen, zum anderen aber auch sorgsames Analysieren der einzelnen Textsignale *(bottom-up)*, um z. B. keine subtilen Anspielungen zu übersehen. Das lässt sich im Kleinen (z. B. bei einem komplizierten Einzelsatz) wie im Großen (z. B. einer längeren Ausführung) nutzen und ist im Anfangsunterricht ebenso möglich wie in der Oberstufe. Hier ein Dialogtext-Beispiel aus der frühen Lehrbuchphase (erneut aus dem Lehrwerk *VIVA*), das die unterschiedlichen Herangehensweisen veranschaulicht:

	Aufgabe Gib den Textinhalt möglichst genau in eigenen Worten wieder.	
Kompetenz: Einen lateinischen Text inhaltlich genau paraphrasieren	**VIVA, Lektion 3: Augen auf beim Sklavenkauf (Textanfang)**	
	Aurelia: »Gallus servus malus est. Negotia non curat.« **Paulla:** »Iniquum est! Gallus servus bonus est! Puer est et fortunam miseram tolerare debet.« **Sextus:** »Tace, Paulla! Necesse est emere ancillam probam.« **Aurelia:** »Ita est!«	*Bereits erarbeitete Übersetzung:* **Aurelia:** »Gallus ist ein schlechter Sklave. Er kümmert sich nicht um seine Aufgaben.« **Paulla:** »Das ist ungerecht! Gallus ist ein guter Sklave! Er ist (noch) ein kleiner Junge und muss (schon) ein schlimmes Schicksal ertragen.« **Sextus:** »Sei still, Paulla! Wir müssen jetzt eine wohlerzogene Sklavin kaufen.« **Aurelia:** »So ist es!«
	Lösungsvorschlag: *Aurelia kritisiert den Sklaven Gallus wegen seiner Faulheit. Paulla widerspricht ihr und verweist auf sein junges Alter und sein erlittenes Unglück. Sextus fährt ihr über den Mund und erinnert an ihr Vorhaben zum Sklavenkauf. Aurelia stimmt ihm zu.*	

In dieser Form ist eine treffende Paraphrase zustande gekommen, die alle inhaltlich relevanten Aspekte abdeckt. Sie drückt aber noch kein vertieftes Textverständnis in der Hinsicht aus, dass die sprachlich zum Ausdruck kommende Beziehungskonstellation hinreichend deutlich wird. Hierfür sollte allerdings auch der Arbeitsauftrag präziser gestellt werden:

Kompetenz: Einen lateinischen Text inhaltlich genau paraphrasieren

Aufgabe
Gib den Textinhalt möglichst genau in eigenen Worten wieder. Achte dabei darauf, dass in deiner Paraphrase nicht nur deutlich wird, **was** die Figuren zueinander sagen, sondern auch, **wie** und **warum** sie es sagen.

Lösungsvorschlag:

*Aurelia äußert sich **abschätzig und von oben herab** über ihren Sklaven Gallus und seine angebliche Untätigkeit. Paulla **fühlt sich davon provoziert** und widerspricht sofort **heftig**, indem sie ihre Mutter an Gallus' tragische Kindheit erinnert, **die man nicht einfach ignorieren dürfe, so wie es Aurelia ungerechterweise tut**. Sextus aber fährt seiner Tochter **genervt** über den Mund und **will lieber** das Augenmerk der beiden wieder auf ihr eigentliches Vorhaben lenken, nämlich eine neue Sklavin zu kaufen. Aurelia **reagiert dankbar auf seine** Unterstützung und stimmt ihm zu, **damit Paulla mit ihrer Kritik aufhört**.*

Die beiden Lösungsvorschläge zeigen im Vergleich, wie sich eine rein nacherzählende Paraphrase von einer vertiefend-erklärenden unterscheidet. Im zweiten Text sind all die Wendungen und Ausdrücke hervorgehoben, die den illokutiven und perlokutiven Gehalt des kurzen Gesprächs offenlegen. Natürlich handelt es sich dabei um begründetes Spekulieren und damit letztlich um die Interpretation des Textes: Wenn die Mutter Aurelia z. B. am Ende der Unterhaltung mit einem schlichten »*Ita est*« antwortet, geht allein daraus naturgemäß nicht hervor, welche Gemütslage damit verbunden ist (Einsicht? Genugtuung? Freude/ Dankbarkeit? etc.). Rezipienten – und das schließt Lehrende mit ein – sind also gezwungen, zwischen den Zeilen eine plausible Kausallogik auszumachen und diese im Kontext kohärent zu erläutern. Wenn es dabei zu begründeten und schlüssigen Abweichungen kommt, ist das überhaupt kein Problem; die gemeinsame produktive Textinterpretation gewinnt dadurch nur an Gewicht.

In der Praxis kann der obige umfassende und komplexe Arbeitsauftrag so natürlich erst am Ende stehen – zuvor sollte das Paraphrasieren kleinschrittiger eingeübt werden. Zu diesem Zweck bietet es sich an, zunächst vor allem den Grad der Offenheit der Aufgabe zu senken. Außerdem lässt sich die erste Teilaufgabe des Umformulierens trennen von der Aufgabe des Auffindens von impliziten Botschaften und Sprechabsichten. Zunächst müssen Lernende also üben, sich vom Wortlaut der oftmals formal-syntaktisch äquivalenten (Arbeits-) Übersetzung eines lateinischen Textes zu lösen (Deverbalisierung) und ihr tatsächliches Textverständnis stattdessen durch eine treffende Paraphrase auszudrücken. Hier lässt sich satzweise vorgehen; zur Unterstützung der Lernenden kann man im Sinne eines lernwirksamen *scaffolding* z. B. ein Lückentext- oder ein Auswahlformat einsetzen:

> **Kompetenz: Einen lateinischen Text inhaltlich genau paraphrasieren**
>
> **Aufgaben-Varianten**
> a) Gib den Textinhalt möglichst genau in eigenen Worten wieder, indem du die Sätze vervollständigst (Lückentext-Format):
> 1. Aurelia kritisiert ... ihres Sklaven Gallus.
> 2. Paulla widerspricht ihr und verweist auf ...
> 3. Sextus verbietet Paulla den Mund und erinnert sie ...
> 4. Aurelia ...
>
> b) Gib den Textinhalt möglichst genau in eigenen Worten wieder, indem du bei den untenstehenden Sätzen jeweils die deiner Meinung nach passendste Auswahl triffst (Auswahl-Format):
> 1. Aurelia äußert sich belustigt/abschätzig/gleichgültig über ihren Sklaven Gallus und seine vermeintliche Untätigkeit/Geschäftemacherei/Arroganz.
> 2. Paulla reagiert überrascht/zustimmend/wütend und erinnert ihre Mutter an Gallus' reifes Alter/tragische Kindheit/durchstandene Gefahr.
> 3. Sextus verbietet Paulla genervt/augenzwinkernd/beiläufig den Mund und erinnert sie/befiehlt ihr/erlaubt ihr, sich wieder dem Kauf einer Sklavin zuzuwenden.
> 4. Aurelia ist schadenfroh über Paullas Zurechtweisung/dankbar für Sextus' Unterstützung/einsichtig über die von ihr verschuldete Ablenkung und stimmt zu.
>
> **VIVA, Lektion 3: Augen auf beim Sklavenkauf (Textanfang)**
>
> | | *Bereits erarbeitete Übersetzung:* |
> |---|---|
> | Aurelia: »Gallus servus malus est. Negotia non curat.« Paulla: »Iniquum est! Gallus servus bonus est! Puer est et fortunam miseram tolerare debet.« Sextus: »Tace, Paulla! Necesse est emere ancillam probam.« Aurelia: »Ita est!« | Aurelia: »Gallus ist ein schlechter Sklave. Er kümmert sich nicht um seine Aufgaben.« Paulla: »Das ist ungerecht! Gallus ist ein guter Sklave! Er ist (noch) ein kleiner Junge und muss (schon) ein schlimmes Schicksal ertragen.« Sextus: »Sei still, Paulla! Wir müssen jetzt eine wohlerzogene Sklavin kaufen.« Aurelia: »So ist es!« |

Diese beiden recht stark lenkenden Verfahren erlauben das schrittweise Trainieren von einfachen und vertiefenden Paraphrasen. Bei Aufgabe 1, der einfachen Nacherzählung, sind etwa 50 % der Anforderung durch die Lückentexte bereits vorgegeben: Gerade das Finden einer präzisen, summarischen und zugleich abstrahierenden Ersatz-Verbalhandlung (»kritisieren« statt »sie sagt, er sei ein schlechter Sklave« oder »widersprechen« statt »sie sagt, das sei ungerecht«) macht die wesentliche Herausforderung beim Umformulieren für Schülerinnen und Schüler aus. Hierbei lassen sich durch unterschiedlich ausführliche Vorgaben gut binnendifferenzierende Maßnahmen einsetzen, um nicht zu wenig, aber auch nicht zu viel Hilfestellung zu geben. Bei Aufgabe b) liegt der Fokus darauf, Lernende in eine möglichst tiefgehende inhaltliche Reflexion über den Text treten zu lassen. Vermittels geschickter Distraktorenauswahl kann es dabei je nach Intention des Lehrenden erforderlich sein, zwischen mehreren allesamt passenden Varianten zu entscheiden. Im Beispiel oben könnte man z. B. bei Item 2 Paullas Reaktion sowohl als »überrascht« wie auch als »wütend« einschätzen; bei Item 4 sind tatsächlich alle drei Motivationen für Aurelias Zustimmung möglich und begründbar. Hier können und sollten Lernende in eine Diskussion darüber treten, wieso sie die eine oder andere Variante bevorzugen bzw. ablehnen. Genau bei solchen Abgrenzungs- und Legitimierungsprozessen entsteht ein vertieftes inhaltliches Textverständnis, das einem intensiven bzw. totalen Lesen entspricht.

Aus didaktischer Sicht ist das letztere Verfahren – das wurde oben schon angedeutet – besonders bei solchen Texten sinnvoll und nützlich, in denen es um Beziehungskonstellationen, Handlungsmotivationen und zwischenmenschliches Agieren geht. Dafür müssen die Ausgangstexte aber nicht zwingend dialogisch wie im Lehrbuchbeispiel sein – das Prinzip funktioniert auch in ergiebiger Weise bei narrativen Texten, wie im Folgenden zuletzt noch einmal mit einer leicht abgewandelten Aufgabenstellung anhand der schon vielfach besprochenen *Historia Apollonii* gezeigt wird:

Kompetenz: Einen lateinischen Text inhaltlich genau paraphrasieren

Aufgabe
Bereite eine möglichst genaue Textwiedergabe in eigenen Worten vor, indem du zunächst die untenstehenden Sätze 1–5 vervollständigst und zur tieferen Durchdringung die jeweils angehängte, über den reinen Textinhalt etwas hinausgehende Frage klärst:

1. Die Königstochter ist von so vollendeter Schönheit, dass ihr einziger Makel darin besteht ...
   → Was für Makel genau bleiben der Tochter erspart, worin genau besteht ihre außergewöhnliche Schönheit?
2. Antiochus verliebt sich in seine Tochter, während ...
   → Warum entwickelt er in genau dieser Situation unnatürliche Begierde zu ihr (und nicht etwa schon vorher)?
3. Als ihm klar wird, dass er sich in seine Tochter verliebt hat, reagiert Antiochus ...
   → Welche vielfältigen Emotionen und Affekte bestimmen Antiochus' Denken und Handeln in dieser Situation?
4. Als er es schließlich nicht mehr aushalten kann, fasst er den Entschluss ...
   → Zu welchem Anteil geht Antiochus zu diesem Zeitpunkt rational und strategisch, zu welchem impulsiv und triebgesteuert vor?
5. Trotz heftiger Gegenwehr wird die Tochter überwältigt und ihr bleibt nichts anderes übrig als ...
   → Die Tat selbst ist rasch vorbei und Antiochus wieder verschwunden – welche Gedanken und Gefühle rasen nun im Kopf der Tochter wild durcheinander?

> **Historia Apollonii, regis Tyri (+ Übersetzung, hier nicht extra mit abgedruckt)**
> (1) In civitate Antiochia rex fuit quidam nomine Antiochus, a quo ipsa civitas nomen accepit Antiochia. Is habuit unam filiam, virginem speciosissimam, in qua nihil rerum natura exerraverat, nisi quod mortalem statuerat.
> (2) Quae dum ad nubilem pervenisset aetatem et species et formositas cresceret, multi eam in matrimonium petebant et cum magna dotis pollicitatione currebant.
> (3) Et cum pater deliberaret, cui potissimum filiam suam in matrimonium daret, cogente iniqua cupididate flamma concupiscentiae incidit in amorem filiae suae et coepit eam aliter diligere, quam patrem oportebat. Qui cum luctatur cum furore, pugnat cum dolore, vincitur amore, excidit illi pietas, oblitus est se esse patrem et induit coniugem.
> (4) Sed cum sui pectoris vulnus ferre non posset, quadam die prima luce vigilans inrumpit cubiculum filiae suae, famulos longe excedere iussit, quasi cum filia secretum conloquium habiturus, et stimulante furore libidinis diu repugnanti filiae suae nodum virginitatis eripuit, perfectoque scelere evasit cubiculum.
> (5) Puella vero stans dum miratur scelesti patris impietatem, fluentem sanguinem coepit celare, sed guttae sanguinis in pavimento ceciderunt.

In diesem Beispiel, das selbstverständlich über die Lehrbuchphase hinausgeht, ist der Lückentext-Ansatz mit einer gelenkten, aber grundsätzlich offenen Frage verbunden. Dabei geht es in besonderer Weise darum, die vom Autor des Texts eingebauten Leerstellen nun als Rezipient plausibel und kohärent zu füllen. Die Fragen zum vertieften Textverständnis sind nun aber keineswegs ausschließlich spekulativ zu beantworten (freie Interpretation), sondern ihre Beantwortung wird vom Ansatz her immer schon im Original vorgegeben. Bei Item 2 z. B. ist unmittelbar im Text zu finden, dass die Bräutigam-Suche der Auslöser für Antiochus' unnatürliche Liebe war – in diesem Moment, so der Text, musste Antiochus sich intensiv damit auseinandersetzen *(deliberaret, cui potissimimum ...)*, wer überhaupt als Ehegatte infrage käme. Hier nun setzt die Aufgabe bzw. die offene Frage an: Lernende sollten nicht nur implizit erahnen, sondern explizit erläutern können, dass Antiochus offenbar in diesem Moment mit ganz neuen Augen auf seine Tochter, ihre Eigenschaften und auch ihre Erscheinung sah und dass er beim allmählichen Durchgehen der vielen Bewerber immer wieder von Neuem den Eindruck hatte, dieser oder jener sei ihrer nicht würdig genug – bis schließlich nur noch er selbst übrig blieb. In ähnlicher Weise können Lernende auch bei den übrigen Fragen einen spezifischen, inhaltlichen Textanker finden, den sie dann aber gewissermaßen eigenständig zu Ende denken müssen.

Mit diesem zuletzt beschriebenen Verfahren wird noch einmal evident, dass vertieftes Textverstehen eine Form der intensiven Interpretation darstellt. Sie muss durch andere Erarbeitungsmethoden gestützt werden und ist dort angebracht, wo die inhaltliche Durchdringung eines lateinischen Texts nicht auf der Oberfläche stehenbleiben soll, sondern wo Schülerinnen und Schüler sich einen Text und seine Aussage wirklich zu eigen machen sollen. Auf einer so erzielten Basis können dann natürlich ggf. weitere Aufgaben ansetzen, wie zum Beispiel eine überarbeitete, nun vielleicht pragmatisch-äquivalente Rekodierung des Originaltextes oder eine gezielte stilistische Analyse, bei der die intendierten Wirkungen von rhetorischen Mitteln zur subtilen Unterstützung des Textinhalts herausgearbeitet werden können.

4. Leistungsbewertung

4.1 Vorgaben der Leistungsbewertung im Lateinunterricht

Zu Beginn wird an dieser Stelle ein Überblick über die aktuell gültigen rechtlichen Grundlagen gegeben. Erfreulicherweise zeigen sie keineswegs nur die Grenzen, sondern durchaus die bereits zugelassenen Möglichkeiten texterschließender Aufgabenformate neben dem Übersetzungsteil in schriftlichen Leistungskontrollen auf.

4.1.1 Schulrechtliche Vorgaben

Vorgaben zur Gewichtung von Übersetzungs- und weiteren Leistungen bei schriftlichen Leistungserhebungen im Fach Latein in den Bundesländern

Die Vorgaben[64] gehen im Ländervergleich in der Sekundarstufe I weit auseinander, verengen sich dann in der Sekundarstufe II, um schließlich mit Blick auf den Fall einer schriftlichen Abiturprüfung in die Regularien der ›Einheitlichen Prüfungsanforderungen in der Abiturprüfung Latein‹ (EPA) zu münden.

Unter »weiteren Aufgaben« werden in der folgenden Tabelle für die Sekundarstufe I Aufgaben zur Erschließung bzw. Dekodierung und Interpretation verstanden, länderspezifisch auch Aufgaben zur kontextbezogenen Überprüfung von Sprach- und Kulturkompetenz.

Unter »Interpretation« werden einschlägige Fragen, Aufträge und komplexe Aufgaben, ggf. auch im Zusammenhang mit weiteren beigegebenen Materialien (z. B. Bild-Text-Vergleich) verstanden. Das Feld dessen, was Textinterpretation umfasst, definiert sich letztlich durch die Möglichkeiten, die die Zusammenstellung der Operatoren in den EPA Latein[65] eröffnet. Die Grenze zur Texterschließung bzw. Dekodierung ist dabei generell fließend. Die Gewichtung

---

64 Stand: 12. März 2021.
65 EPA Latein S. 56–57.

von Übersetzungs- und »Interpretations«-Leistung kann in der Regel zwischen 2:1 und 1:1 variieren[66].

Land	Sek I: Ü: w. A	Gymn. Oberst.: Ü: I	Abiturprüfung: Ü: I	Abiturprüfung:
BB	keine	keine	2:1	dezentral
BE	keine	2:1	2:1	zentral
BW	keine	keine	1:1	zentral
BY	3:1 in den ersten Lernjahren, danach 2:1	2:1	2:1	zentral
HB	2:1	2:1	2:1	zentral
HE	Festlegung durch die Fachkonferenz, in der Regel 2:1 oder 1:1	2:1	2:1	zentral
HH	Nach Maßgabe der Festlegung der Fachkonferenz auf der Grundlage, dass die sprachliche Arbeit am Text das größte Gewicht hat. In der Klassenarbeit wird das Verständnis eines unbekannten und inhaltlich sinnvollen lateinischen Textes dokumentiert. Dies geschieht in der Regel durch eine Übersetzung.	Nach Maßgabe der Festlegung der Fachkonferenz auf der Grundlage, dass die sprachliche Arbeit am Text das größte Gewicht hat. In der Klassenarbeit wird das Verständnis eines unbekannten und inhaltlich sinnvollen lateinischen Textes dokumentiert.	3:2	zentral
MV	2:1	2:1	2:1	zentral
NI	2:1 ab dem 3. Lernjahr 1:1 möglich	2:1 bei Prosa 1:1 bei Poesie	2:1 bei Prosa 1:1 bei Poesie	zentral
NRW	2:1 (oder optional 1:1)	2:1	2:1	zentral
RP	2:1 oder 1:1 (nach Wahl der unterrichtenden Lehrkraft)	2:1 oder 1:1 (nach Wahl der unterrichtenden Lehrkraft)	2:1 oder 1:1 (nach Wahl der unterrichtenden Lehrkraft)	dezentral
SH	2:1	2:1	2:1	zentral
SL	keine	2:1	2:1	zentral
SN	keine	keine	1:1	zentral

---

66 EPA S. 13.

Land	Sek I: Ü: w. A	Gymn. Oberst.: Ü: I	Abitur- prüfung: Ü: I	Abitur- prüfung:
ST	keine	keine	2:1 oder 1:1 (nach Wahl der unterrichten- den Lehrkraft)	dezentral
TH	keine	keine	1:1	zentral

Diese Zusammenstellung ist vor allem mit Blick auf die Sekundarstufe I interessant. Denn auf diesem Feld machen immerhin sieben von sechzehn Ländern keinerlei Vorgaben zum Verhältnis von Übersetzung und »weiteren Aufgaben« zur Dekodierung bzw. Texterschließung, lassen also hier der Lehrkraft größtmögliche Freiheit. In fünf davon wird diese Handhabung sogar bis in die gymnasiale Oberstufe hinein fortgesetzt. Auf diese Weise entsteht ein Feld erheblichen Ausmaßes, das dem Lateinunterricht im bildungsföderalen Deutschland in pluralistischer, Attraktivität schaffender und Anspruch erhebender Weise einen weiten Rahmen gibt. Zugleich besteht nicht nur ein unübersehbarer Kontrast zu den EPA-Regularien, sondern ebenso ein erhebliches Aktualitätsdefizit.[67]

Vorgaben zur Leistungsbewertung selbst

Feste Vorgaben zur Leistungsbewertung in der Form einer verbindlichen Fehler-Noten-Relation gibt es in den deutschen Bundesländern in der Regel nur im Abiturprüfungsbereich. Falls darüber hinaus Vorgaben erfolgen, sind sie abhängig vom jeweiligen Landesrecht und dann im jeweiligen Kerncurriculum bzw. Kernlehrplan festgelegt.[68]

Es gibt aber auch etliche Länder ohne derartige, in curricularen Dokumenten verankerte Vorgaben.[69] In diesen Fällen sind Verabredungen der Fachkonferenz/ des Fachbereichs z. B. zu Fehlergewichtung, Korrekturzeichen und Bewertung maßgeblich. In Sachsen z. B. erfolgt hierbei an den Schulen oft die Orientierung an einer Verwaltungsvorschrift, die sich an den Fehlergrenzen der EPA Latein

---

67 Das verwundert keineswegs, gehen doch die Regularien der EPA Latein in ihrem Grundbestand auf das Jahr 1979 zurück. Zum aktuellen Stand der Leistungsbewertung von Textverstehen vgl. Hensel 2017 und Kuhlmann 2017 (mit Klassenarbeits-Beispiel gemäß aktuellen Kerncurricula).
68 Beispiel: Nordrhein-Westfalen. Vgl. NRW, Kernlehrplan Sekundarstufe I Gymnasium (Fassung 2019), S. 33–34: Orientierung am Verständnis von Gesamtsinn und Gesamtstruktur des Übersetzungstextes. In der Vorläuferfassung (2008), S. 66, noch anders: Bindung an Fehlerzahlen. So auch in NRW, Kernlehrplan Sekundarstufe II Gymnasium/Gesamtschule (2014), S. 47.
69 Beispiele: Sachsen, Thüringen

orientiert.[70] Diese abiturbezogene Orientierung mag für die Sekundarstufe II noch einigermaßen nachvollziehbar sein; für die Sekundarstufe I erscheint sie dagegen nur eingeschränkt sinnvoll, weil nur eine kleine Minderheit der Lateinlernenden in diesem Fach eine schriftliche Abiturprüfung ablegt.

Außerhalb des Abiturprüfungsbereichs liegt die Verantwortung für die Leistungsbewertung überwiegend bei der unterrichtenden Fachkraft. Diese kann jedoch nicht willkürlich benoten, sondern ist juristisch an die allgemeinen Notendefinitionen des KMK-Beschlusses vom 3. Oktober 1968 gebunden, die in die Schulgesetze aller Länder Eingang gefunden haben. Dies gilt generell vor allem deshalb, weil Zensuren nicht selten komplexe Rechtsfolgen haben wie z. B. eine Nichtversetzung oder einen Notenausgleich, der zu einer Versetzung führt.

Die Notendefinitionen gemäß dem o. g. KMK-Beschluss lauten zum Beispiel:
- für die Zensur ›gut (2)‹: »Die Note »gut« soll erteilt werden, wenn die Leistung den Anforderungen voll entspricht.« oder
- für die Zensur ›ausreichend (4)‹: »Die Note »ausreichend« soll erteilt werden, wenn die Leistung zwar Mängel aufweist, aber im Ganzen den Anforderungen noch entspricht.«

4.1.2 Schulfachliche Vorgaben

Bei der Leistungsbewertung von lateinisch-deutschen Übersetzungsleistungen erfolgt in Deutschland noch häufig die Orientierung an der 10 %-Marke, ganz oft auch in modifizierter Form, wie es von Scholz und Weber sogar ausdrücklich propagiert wird.[71] Daher finden sich in deutschen Ländern auch verschiedene Modifikationen dieser Marke, und zwar z. B. mit 12 % oder sogar 15 %. Die 10 %-Marke selbst stammt aus den EPA Latein[72], hat aber allenfalls Relevanz für die gymnasiale Oberstufe. Und gerade die Oberstufe spielt angesichts der Entwicklung der Zahl lateinlernender Schülerinnen und Schüler im Bundesdurchschnitt infolge der Fachabwahl nach der Sekundarstufe I eine immer geringer werdende Rolle.

Schließlich sind solche Fehlerindizes aus fachdidaktischer Sicht eher willkürlich[73]: Sie berücksichtigen einseitig die Länge des zur Übersetzung gestellten Textes, nicht aber andere wesentliche Parameter wie z. B. die sprachliche Schwierigkeit oder die erzählerische Dichte des Textes oder eben auch das reale inhaltliche

---

70 SMK, Verwaltungsvorschrift Durchführung Oberstufe und Abiturprüfung (2018), S. 3–10
71 Vgl. Scholz, Ingvelde/Weber, Christian (2015): Denn sie wissen, was sie können, S. 67-72.
72 EPA Latein S. 15.
73 Vgl. Doepner (2021), S. 22.

Textverständnis. Dazu kommt, dass verschiedene Lehrerinnen und Lehrer Fehler ganz unterschiedlich definieren und gewichten, d.h. Fehler ist in der Bewertungspraxis nicht gleich Fehler.

4.2 Grundsätze und Dilemmata bei der Bewertung von Übersetzungsleistungen

Als Leitlinie der aktuell gängigen Bewertung von Übersetzungsleistungen wird die Textkompetenz angenommen, genauer: das Textverständnis. Wesentliches Bewertungskriterium ist dabei der Grad der Sinnentsprechung der zielsprachlichen (z.B. deutschen) Übersetzung mit dem (ausgangssprachlichen lateinischen) Text. Maßstab schließlich für die Bewertung (im Folgenden auch ›Messverfahren‹ genannt) können sein:
- Zählverfahren, bei dem z.B. die Fehler addiert werden, oder
- Beurteilungsverfahren; dabei wird z.B. der Grad der Sinnentsprechung zusammenfassend beurteilt;
- Hybridverfahren, dabei werden Zähl- und Beurteilungsverfahren miteinander verknüpft, indem z.B. beide Wege eingeschlagen werden und der Durchschnittsmittelwert der Ergebnisse errechnet wird.

Weiter unten (ab 4.3.2) werden einige wichtige Modelle solcher Messverfahren kurz vorgestellt.

Die Dilemmata bei der Bewertung von Übersetzungsleistungen fallen – je nach Wahl des Messverfahrens – ganz unterschiedlich aus:
- Beim Fehlerzählverfahren:
  - Uneinheitlichkeit der Sichtweisen in der Frage, was als Fehler verstanden wird;
  - Divergenz in der Fehlergewichtung (halb, ganz, doppelt);
  - Arbitrarität in der Frage des Verhältnisses von Fehlerzahl und Anforderung (z.B. 10 %, 12 % oder 15 % der Wortzahl als unterste Grenze der Note ›ausreichend‹);
- Beim Verfahren der Beurteilung von Sinnentsprechung:
  - Welcher Äquivalenzbegriff liegt der Sinnentsprechung zugrunde?
  - Wie kann Sinnentsprechung zuverlässig und intersubjektiv nachvollziehbar gemessen werden?
  - Wie kann das Messergebnis zuverlässig und intersubjektiv nachvollziehbar bewertet werden?

Dass das Fehlerzählen keinesfalls eine so objektive Bewertung ist, wie man auf den ersten Blick meinen könnte, zeigt sich auch ganz praktisch, wenn man Klassenarbeiten von Studierenden oder bei Fortbildungen von verschiedenen Lehrkräften korrigieren lässt: Selbst wenn in Kleingruppen, also abgestimmt, gearbeitet wurde, differierten bei ein und derselben Schülerlösung die Fehlerzahlen erheblich und unterschieden sich die Bewertungen um bis zu vier Notenstufen. Diese Bandbreite wird aus schulrechtlicher wie fachlicher Sicht als erheblich zu groß erachtet, um noch unter dem Etikett des Ermessensspielraums durchgehen zu können – hier ist die Vergleichbarkeit der Schülerleistung nicht mehr gegeben.

Zudem ist zu bezweifeln, ob der Fehler als Messeinheit und das Fehlerzählen überhaupt adäquate Mittel sind, um das (Nicht-)Gelingen des Textverständnisses zu beurteilen.

4.3 Auf dem Weg zu alternativen Bewertungskonzepten

In der aktuellen Schulpraxis scheint überwiegend die konventionelle, Fehler zählende Bewertung auf der Grundlage der Negativkorrektur angewandt zu werden. Daneben gibt es – freilich seltener – die Grundlage der Positivkorrektur nach Clasen[74], die von einem – wie auch immer gebildeten – Punkte-»Konto« ausgeht, von dem in den unterschiedlichen Fehlerfällen unterschiedliche Punktzahlen quasi »abgebucht« werden. Beide Korrekturweisen fokussieren somit letztlich lediglich Fehler, was zu erheblichen Verzerrungen führen kann, wie die Ergebnisse der oben genannten Erprobungen zeigen. Die oben skizzierte Streuung in der Bewertung bleibt bei einem solchen Modell der Positivkorrektur naturgemäß bestehen.

Im Folgenden werden daher nun drei alternative Bewertungskonzepte vorgestellt, deren Bestreben dahin geht, vom (rein quantifizierenden) Fehlerzählen weg hin zu einem (qualifizierenden) Beurteilungsverfahren zu kommen:
- das ›Duisburger Modell‹ ist ein Korrektur- und Bewertungskonzept des Landesverbandes Nordrhein-Westfalen im Deutschen Altphilologenverband,
- das Verfahren der österreichischen ›Standardisierten kompetenzorientierten schriftlichen Reifeprüfung‹ (SKRP) wird seit 2015 in der Matura, der österreichischen Entsprechung zum deutschen Abitur, für die Bewertung der Übersetzungsleistung aus den alten Sprachen angewandt und wurde inzwischen

---

74 Clasen 1976.

auch auf die vorangehenden Klassenstufen der AHS, der österreichischen Entsprechung zum deutschen allgemeinbildenden Gymnasium, ausgeweitet;
- die Bewertungsweise der Übersetzungsleistung in der Abschlussprüfung zum Erwerb des ›International Baccalaureate Diploma‹ (IBD) in den Fächern Latein und Griechisch.

4.3.1 Das ›Duisburger Modell‹

Korrektur und Bewertung umfassen beim Duisburger Modell folgende Schritte:[75]
- Im Vorfeld angelegt werden Erwartungshorizont, Bewertungsraster, Fehler-Noten-Tabelle mit Marken[76] und Bremse sowie Pluspunktraster.
- In einem ersten Durchgang werden die Schülertexte in Hinblick auf das Textverständnis qualifizierend den Stufen A (Notenbereich 1–2), B (3–4) und C (5–6) zugeteilt: A könnte man mit einem detaillierten Textverständnis, B mit einem allenfalls selektiven Textverständnis und C mit gar keinem Textverständnis umschreiben.
- Dann erfolgt eine Negativkorrektur. In diese sind mehrere Fehlerbremsen eingebaut:
  • Sinnkonforme Abweichungen zählen nicht als Fehler.
  • Besondere Leistungen im Bereich der Modulation und Transposition können zur Verbesserungen durch Fehlergutschriften führen.
  • Folge- und Wiederholungsfehler werden herausgerechnet.
  • Bei Fehlernestern zählt nur der ursächlich erste Fehler.
  • Pro Wort gibt es maximal einen halben Fehlerwert.

Am Konzept des ›Duisburger Modells‹ positiv zu bewerten sind mehrere Aspekte: Inhaltliches und sprachlich-strukturelles Verstehen sind hier zunächst kategorial voneinander getrennt; dazu kommen die Bestrebungen, die Eskalation von Fehlerzahlen zu vermeiden und gelungene Lösungen bei der Bewertung positiv zu berücksichtigen. Im Ganzen ist es aber nicht mehr als ein leicht verbrämtes Fehlerzählverfahren, weil der qualifizierende erste Durchgang systemisch und damit messtechnisch zu wenig elaboriert ist und dessen Ergebnis ohne größere Konsequenzen für die Leistungsbewertung bleibt.

---

[75] Vgl. Doepner/Hesse/Keip/Kurczyk (2017), S. 60–69. Dort finden sich auch Anwendungsbeispiele.
[76] Note 4: 10 % (Sekundarstufe II), 12 % (Sekundarstufe I), Note 5: 15 %, Note 6: 20 % (= maximale Fehlerzahl)

4.3.2 Das Verfahren der österreichischen Reifeprüfung (SKRP)[77]

Die österreichische Matura- bzw. Abiturprüfung besteht im Fach Latein aus einem Übersetzungs- und einem »Interpretations«-Teil, die mit jeweils 60 % und 40 % gewichtet sind. Der Bewertung der schriftlichen Übersetzungsleistung liegt eine Mischkalkulation zugrunde. Das Verfahren ist ein Hybridformat, d. h. auch hier wird kategorial nach sprachlich-formalem und inhaltlichem Textverständnis getrennt:

a) 33,3 % (12/36) zählt die standardisierte, zweistufige Beurteilung der Sinnerfassung[78] des fremdsprachigen Textes auf der Grundlage einer beigegebenen Inhaltszusammenfassung. Der Text wird dafür in zwölf etwa gleichlange Sätze/Teilsätze/Kola zerlegt. Die Inhaltszusammenfassung gibt nur die wesentlichen Inhalte in knapper Form wieder und verzichtet auf periphere Details; hier überwiegt demzufolge ein eher globales inhaltliches Verstehen auf der Satzebene.

b) 50 % (18/36) zählen die Verstöße gegen morphologische, syntaktische und lexikalische Richtigkeit auf der Grundlage einer Negativkorrektur der Schülerarbeit; dies prüft demnach im Sinne eines intensiven Textverstehens die sprachlich-strukturelle Ebene ab.

c) Immerhin 16,6 % sind der ebenfalls standardisierten, bisher drei-, künftig sechsstufigen Beurteilung der unterrichtssprachlichen Kompetenz der Schülerinnen und Schüler vorbehalten und betreffen Morphologie, Syntax, Wortwahl und Ausdruck in der Unterrichtssprache (»Zielsprachenorientierung«); dabei geht es letztlich also gar nicht unbedingt um das Textverständnis, sondern um eine Überprüfung der zielsprachlichen Kompetenz!

Der sogenannte Interpretationsteil enthält auf der Grundlage eines weiteren (nicht zu übersetzenden!) lateinischen Textes eine Vielfalt an Aufgaben zum selektiven und globalen Textverstehen und zur Textdeutung im Sinne einer »echten« Interpretation, die sukzessiv vom AFB I bis III aufsteigen.[79] Im Ganzen geht der Ansatz in die richtige Richtung (Beurteilung statt Fehlerzählen), aber die Anteile sind nicht der prominenten Bedeutung der Leitlinie ›Textverständnis‹ entsprechend ponderiert: a) ist zu niedrig angesetzt, b) zu hoch.

---

77 Vgl. Lošek/Niedermayr (2017), S. 98–104. Dort finden sich auch Anwendungsbeispiele.
78 Die Standardisierung der Beurteilung kennt nur zwei Stufen: Sinn erfasst: 1 Punkt, Sinn nicht erfasst: 0 Punkte.
79 Dazu ausführlich Oswald (2011).

4.3.3 Die Abschlussprüfung des *International Baccalaureate Diploma*

Das IBD legt der Bewertung der Übersetzungsleistung ebenfalls eine Mischkalkulation zugrunde, doch sind beide Teile qualifizierender Natur, d. h. auch hier werden die sprachlich-strukturelle und die inhaltliche Verstehensebene zunächst getrennt bewertet:
- 50 % (90/180) zählen die Verstöße gegen die grammatische und lexikalische Richtigkeit auf der Grundlage einer standardisierten, vierstufigen Beurteilung.
- Weitere 50 % (90/180) zählt die ebenfalls standardisierte Beurteilung der inhaltlichen Sinnerfassung des fremdsprachigen Textes auf der Grundlage einer allgemeinen, ebenfalls vierstufigen Qualifizierung, die dem ›Textverständnis-ABC‹ des Duisburger Modells ähnlich ist. Der Text wird dafür in 30 unterschiedlich lange Teilsätze/Kola zerlegt, deren Länge – abhängig vom sprachlichen Anforderungsniveau – zwischen zwei und sechs lateinischen Wörtern liegt.

Dieser alternative Ansatz erscheint im Ganzen am gründlichsten durchdacht. Es fragt sich allerdings, warum die beiden Bereiche überhaupt noch getrennt sind, zumal Verstöße vor allem gegen die lexikalische Richtigkeit ja in aller Regel auch einer vollständigen Sinnerfassung entgegenstehen.

4.3.4 Die Bewertung der Übersetzungsleistung in Klassenarbeiten und Klausuren in der Zukunft – eine fachdidaktische Perspektive

In der Praxis bildet bei Klassenarbeiten/Klausuren die Übersetzungsleistung bzw. ihre Bewertung meist nur das sprachlich-strukturelle Verstehen ab. Bei den zuvor behandelten drei Modellen zeigen sich hingegen Ansätze zu einer Neuorientierung, d. h. die Übersetzung hat dort jeweils folgende Anteile an der Gesamtbewertung von Klassenarbeiten und Klausuren:
- in Nordrhein-Westfalen (Duisburger Modell): 50 % bis max. 66,6 %,[80]
- in Österreich: 60 %,[81]
- dagegen aber beim IBD: 35 %.[82]

---

[80] Vgl. NRW, Kernlehrplan Sekundarstufe I Gymnasium, S. 33: 50–66,6 %; Kernlehrplan Sekundarstufe II Gymnasium, S. 47: 66,6 %.
[81] Vgl. Lošek/Niedermayr (2017), S. 101.
[82] Vgl. IBO, Classical Languages Guide (2016), S. 23 (Standard Level), S. 24 (Higher Level).

Die Gewichtung beim IBD spiegelt das wider, was mittel- und langfristig aus fachdidaktischer Sicht in Deutschland und Österreich anzustreben ist, nämlich eine Drittelparität der fachbezogenen Strategien dekodieren – rekodieren – interpretieren.

In diesem Zusammenhang sollte der Stellenwert des Fehlerzählens als alleingültiges Messverfahren hinterfragt werden. Vielmehr wäre zu ermitteln, inwieweit der Grad der Sinnentsprechung auf der Grundlage der semantischen bzw. denotativen Äquivalenz in standardisierter Weise als Bewertungskriterium herangezogen werden kann. Gerade die nicht-Latinums-bezogene Leistungsbewertung in nicht-gymnasialen Schulformen und Bildungsgängen müsste sich aus fachdidaktischer Sicht an den folgenden Perspektiven orientieren:

Bei der Bewertung der Übersetzungsleistung in Klassenarbeiten und Klausuren könnte künftig die positive Beurteilung der Sinnerfassung (semantische bzw. denotative Äquivalenz) statt des negativen Zählens von Fehlern auf der sprachlich-strukturellen Ebene die maßgebliche Rolle spielen.

Die Beurteilung der Sinnerfassung sollte dann aber in standardisierter Form erfolgen; trennschärfere Messinstrumente, die zu intersubjektiv nachvollziehbaren Ergebnissen führen, wären notwendig (s. u. Beispiel 4).

Statt einer eigentlichen »Übersetzung« sollte im Sinne der semantischen/denotativen Äquivalenz ebenso eine Paraphrase als Fachleistung möglich sein.

Die Gewichtung sollte sich an der Drittelparität der fachbezogenen Strategien zu orientieren haben, d. h. D(ekodierung): I(interpretation): Ü(bersetzung)/R(ekodierung) = 1:1:1 oder D+I:Ü/R = 2:1.

4.4 Ausgewählte Beispiele für Klassenarbeiten und Klausuren

Der folgende Abschnitt enthält drei reale Klassenarbeiten und Klausuren und einen eigenen Klassenarbeitsentwurf. Die ersten drei Beispiele spiegeln den aktuellen Umgang von Lateinlehrkräften[83] mit den oben dargestellten Vorgaben[84] beispielhaft wider. Hinzu tritt ein auf dem Übersetzungstext einer Kollegin beruhendes Beispiel, in dem das standardisierte Beurteilungsverfahren Anwendung auf die Übersetzungsleistung gefunden hat.

---

83 Großer Dank gilt vor allem unseren Kolleginnen Prof. Dr. Tamara Choitz, Diana Kugler, Ulrike Rüpke und Dr. Katharina Waack-Erdmann dafür, dass sie aktuelle Beispiele zur Verfügung gestellt und die Erlaubnis zur Verwendung in diesem Zusammenhang gegeben haben.
84 Vgl. v. a. die Zusammenstellung auf S. 111–112.

Beispiel 1 ist eine (Vergleichs)Klassenarbeit aus dem ersten Lernjahr des Lehrgangs ›Latein als zweite Fremdsprache‹ (2. FS). Das Verhältnis Übersetzung (Ü) zu weiteren Aufgaben (wA) beträgt 2: 1. Ein engerer inhaltlicher Zusammenhang zwischen dem zur Übersetzung gestellten Text und den weiteren Aufgaben ist lediglich bei den Aufgaben 3 und 4 vorhanden, und zwar insofern, als diese wA der Vorentlastung der Übersetzungsleistung dienen. Diese Medaille hat freilich insoweit zwei Seiten, als eine als Vorentlastung intendierte Maßnahme bei Nichtbewältigung auch zur Doppelbestrafung werden kann. Bei der österreichischen Reifeprüfung wird dieses Problem durch die Präsentation zweier unterschiedlicher Texte einmal zum Übersetzen und zum anderen zum Dekodieren/Interpretieren umgangen. Maßgeblich sind hierbei also Augenmaß und Behutsamkeit der Gewöhnung der Schülerinnen und Schüler an ein derartiges Arbeiten. Zudem empfiehlt sich die Verzahnung von Übersetzung und weiteren Aufgaben am ehesten im Zusammenhang mit dem Textverständnis als Leitlinie der Bewertung von Übersetzungsleistungen.[85]

Aufgaben
1. Dekliniere lateinisch (im Heft) nur im Singular *homo bonus* und nur im Plural *ea mulier*.
2. Ergänze (direkt auf dem Arbeitsblatt) die entsprechenden Formen.
   Übersetze die Perfektformen ins Deutsche.

Präsens	Imperfekt	Perfekt (mit deutscher Übersetzung)
	timebas	
est		
		auximus
	vocabant	
auditis		
		posui

3. Unterstreiche alle Prädikate und Subjekte im Text ›Rettung in größter Not‹ mit den verabredeten Farben oder Zeichen.
4. Bestimme mit den verabredeten Farben oder Symbolen alle Satzteile im folgenden Satz (= Text Z. 7/8): *Statim Graeci*[86*] *Herculi libenter monumenta aedificaverunt.*
5. Übersetze den Text im Heft in gutes Deutsch.

Klassenarbeitsbeispiel 1: 1. Lernjahr (Sek I)

---

85 Vgl. oben 4.2.
86 * Siehe unten in den Angaben zu Z. 8 des Textes.

Rettung in höchster Not

1 In <u>Graecia</u> timor magnus homines torsit. Nam in silvis apud oppidum iam diu
2 leo magnus latebat. Magna multitudo virorum et mulierum iam vitam amisit.
3 Itaque tandem homines miseri nuntios ad Herculem miserunt. Is vir clarus
4 eis adesse voluit et mox leonem <u>invenit</u>.
5 Quamquam adhuc nemo iam bestiam superare poterat, Hercules statim eam
6 <u>clavā</u> <u>necavit</u>.
7 Homines gaudebant: »Ecce! Adfuisti nobis et nos a leone liberavisti.« Statim
8 <u>Graeci</u> Herculi libenter monumenta aedificaverunt.

Angaben:
Z. 1: Graecia, -ae f. – Griechenland   Z. 4: invenit = Perfekt v. invenire   Z. 6 clava, -ae f. – die Keule   Z. 6 necare – töten   Z. 8: Graeci, Graecorum m. – die Griechen

Die Aufgaben 1) und 2) beziehen sich auf die reine Sprachkompetenz, wobei 2) dazu ein (isoliertes) sprachliches Detailverstehen mit abprüft; die Dekodierungs-Aufgaben 3) und 4) umfassen das sprachlich-strukturelle Satz- und Text-Verstehen ohne inhaltliche Komponente. Anders als die Übersetzung (Aufgabe 5) bewegen sich die Aufgaben 1–4 im AFB I–II.

Beispiel 2 ist eine Klassenarbeit aus dem fünften Lernjahr der 2. FS im zeitlichen Umfang von 90 Minuten. Das Verhältnis Ü: wA beträgt 2: 1. Ein enger inhaltlicher Zusammenhang zwischen Übersetzung und weiteren Aufgaben liegt bei den Aufgaben 2, 3 und 4 vor, die mit Maßnahmen der Dekodierung Textverständnis aufbauen und damit auch die zielführende Bewältigung bestimmter Schwierigkeiten der Übersetzung auf dem Weg der Vorentlastung gezielt vorbereiten.

Aufgaben vor der Übersetzung
1. Stelle kurz dar, wie Caesar sein Eingreifen in Gallien gerechtfertigt hat.
2. Lies dir den lateinischen Text durch und kreuze an, welche der folgenden Aussagen korrekt sind. Belege diese mit einem lateinischen Zitat.
   ☐ Die Usipeter und Tenkterer überqueren den Rhein.
   ☐ Die Usipeter und Tenkterer waren Bundesgenossen der Sueben.
   ☐ Die Usipeter und Tenkterer bedrängen die Sueben.
   ☐ Die Sueben sind bei allen anderen Völkern beliebt.
   ☐ Die Sueben schicken regelmäßig Krieger in fremde Länder aus.
   ☐ Die anderen Krieger trainieren zu Hause zu kämpfen.
3. Markiere im lateinischen Satz die Nebensatzeinleitungen.
4. Schreibe aus dem lateinischen Text die -nd-Formen heraus, entscheide, um was es sich jeweils handelt, und berücksichtige dies dann bei der Übersetzung.
5. Übersetze den lateinischen Text in korrektes und gutes Deutsch.

Caesar greift jetzt noch in Germanien ein

1 <u>Cn. Pompeio M. Crasso consulibus</u> Usipetes <u>Germani</u> et item <u>Tencteri</u> magna
2 cum multitudine hominum flumen <u>Rhenum</u> transierunt non longe a mari,
3 quo Rhenus influit.
4 Causa transeundi fuit,
5 quod ab <u>Suebis</u> complures annos exagitati bello premebantur
6 et agri cultura prohibebantur.
7 Sueborum gens est longe maxima et bellicosissima Germanorum omnium.
8 Hi centum pagos habere dicuntur,
9 ex quibus quotannis singula milia armatorum bellandi causa ex finibus educunt.
10 Reliqui,
11 qui domi manserunt,
12 se atque illos alunt.

Angaben
Z. 1 Cn. Pompeio M. Crasso consulibus – zur Zeit der Konsuln Cn. Pompeius und Marcus Crassus (= 55 v. Chr.)   Z. 1: Germanus – *hier:* Adjektiv   Z. 2: Rhenus – Der Rhein ist in gewisser Weise die Grenze des von Caesar eroberten Gallien zu Germanien. Usipeter, Tenkterer und Sueben sind germanische Stämme.

Aufgaben nach der Übersetzung
6. Arbeite mit lateinischen Belegen heraus, wie Caesar hier die Sueben charakterisiert.
7. Vergleiche dies mit der Darstellung der Germanen im Proömium.
8. Die Usipeter und Tencterer werden Caesar um Siedlungserlaubnis in Gallien bitten, doch Caesar wird 200000 Männer, Frauen und Kinder einkesseln und töten lassen. Erläutere kurz, womit dieses Vorgehen vergleichbar ist, und gib an, wie er dort sein Vorgehen gerechtfertigt hat.

Diese Klassenarbeit ist ein Muster-Beispiel für die Umsetzung der unterschiedlichen Lesestile in Aufgabenformate: Aufgabe 1) dient dem orientierenden Lesen; Aufgabe 2) der Inhaltsentnahme durch selektives Lesen, wobei die die deutschen

Aussagen im Sinne eines *Scaffoldings* bereits Verstehensinseln darstellen; die Aufgaben 3) und 4) bilden das sprachlich-strukturelle Verstehen ab. Die Aufgaben nach der Übersetzung steigen vom selektiven Lesen (6) bis zur Textdeutung (8) im Schwierigkeitsgrad an, so dass im Ganzen alle AFB-e von I bis III abgebildet sind.

Beispiel 3 ist eine Klausur aus dem sechsten Lernjahr der 2. FS (Kombination von Grund- und Leistungskurs in der gymnasialen Oberstufe) im zeitlichen Umfang von 90 Minuten. Das Verhältnis Ü: I beträgt 2: 1. Die Schülerinnen und Schüler erhalten nach Beendigung des Zeitanteils der Übersetzung eine Musterübersetzung des Textes im Austausch gegen ihre Übersetzungen. Dies dient der Gewährleistung des Textverständnisses für die Interpretationsaufgaben (2, 3 und 4) und damit der Vermeidung von Doppelbestrafungen.

> **Klassenarbeitsbeispiel 3: 6. Lernjahr (Sek II)**
>
> **Aufgaben**
> 1. Übersetze den Text in gutes Deutsch.
> 2. Skizziere den Gedankengang Senecas in dem vorliegenden Text. Belege deine Ausführungen mit lateinischen Zitaten.
> 3. Arbeite unter Zuhilfenahme deiner (Lektüre)Kenntnis über Epikureismus und Stoa heraus, welchen Unterschied Seneca im vorliegenden Text zwischen Natur und Göttern sieht, und wie er diesen Unterschied für seine Argumentation verwendet.
> 4. Nimm Stellung zu der in dem vorliegenden Text angewandten Logik.
>
> **Fügen Götter Menschen Schaden zu?**
> *Seneca schreibt an Lucilius, der angezweifelt hatte, dass Götter es eigentlich gut mit den Menschen meinen:*
>
> 1 In gratiam te reducam cum diis, adversus optimos optimis. Neque enim
> 2 rerum natura patitur, ut umquam bona bonis noceant. Inter bonos viros
> 3 ac deos amicitia est, conciliante virtute: amicitiam dico? Immo etiam
> 4 necessitudo et similitudo, quoniam quidem bonus tempore tantum a deo
> 5 differt, discipulus eius aemulatorque et vera progenies, quam parens ille
> 6 magnificus, virtutum non lenis exactor, sicut severi patres durius educat.
>
> **Angaben**
> Z. 1: gratia, -ae f. – *hier:* die Aussöhnung; adversus optimos optimis – *lies:* qui optimi sunt adversus optimos   Z. 3: conciliare – verbinden, zu Freunden machen   Z. 4: necessitudo, -inis f. – *hier:* die Verwandtschaft, die enge Beziehung   Z. 5: aemulator, -oris m. – der Nacheiferer   Z. 6: lenis, -e – sanft, schonend; exactor, -oris m. – der (strenge) Aufseher; severus, -a, -um – streng. educare – erziehen

Diese Klausur orientiert sich ganz an den aktuellen EPA, sodass hier neben der Übersetzung (intensives/totales Textverständnis) das globale Textverständnis (2) und die Textdeutung (3 und 4) im Vordergrund stehen. Damit ergibt sich im Ganzen allerdings ein Übergewicht des AFB III. Man könnte die Klausur entsprechend durch Aufgaben wie aus Beispiel 2 ergänzen.

Beispiel 4 ist ein eigener Entwurf, der nicht aus dem praktischen Unterricht stammt. Es ist auf den Übersetzungsteil einer Klassenarbeit aus dem dritten Lernjahr der 2. FS beschränkt und soll die Bewertung nach einem standardisierten Beurteilungsverfahren anstelle einer Negativkorrektur veranschaulichen.

Der Text ist kolometrisch angeordnet, was die Leserlichtkeit und damit die inhaltliche Orientierung erleichtert (s. o. Kap. 2.4.).

> **Klassenarbeitsbeispiel 4: 3. Lernjahr (Sek. I), nur Übersetzungsteil**
>
> **Circe: »Jetzt rede ich!«**
> *Odysseus (Ulixes) und seine Gefährten sind auf ihrer Irrfahrt auch auf der Insel der Zauberin Kirke gelandet. Wir haben im Unterricht die Geschichte aus Odysseus' Mund gehört. Nun ist der Held wieder abgefahren. Kirke bleibt traurig allein zurück, mit ihren noch verbliebenen Schweinen als einzigen Gesprächspartnern. Ihnen erzählt sie aus ihrer Sicht, was passiert ist.*
>
> 1 »Ulixes patriam petens
> 2 cum comitibus ad <u>insulam</u> meam pervenit.
> 3 Primum autem socii eius mihi occurrerunt:
> 4 Ego hos viros alienos videns
> 5 valde perterrita sum et eos in <u>sues</u> mutavi.
> 6 Protinus Ulixes irā magnā commotus
> 7 ad me contendit et eos liberare voluit.
> 8 Statim intellexi
> 9 eum ceteris viris ingenio praestare.
> 10 Dolum adhibens ferrum prehendit et me superavit.
> 11 Suppliciter veniam petivi.
> 12 Ulixes meis lacrimis impulsus
> 13 mecum amicitiam fecit.
> 14 Tum eum in aedibus meis et in lecto molli recepi.
> 15 Nunc ab eo <u>relicta</u>
> 16 tempus miserum vobiscum ago.«
>
> **Angaben**
> Z. 2 insula, -ae f. – die Insel   Z. 5 sus, suis m./f. – das Schwein, die Sau   Z. 15 relictus, -a, -um – PPP von *relinquere*

Als Grundlage der Beurteilung wird der Text (ähnlich wie in der österreichischen Reifeprüfung) in acht Sinneinheiten zerlegt und deren Inhalt jeweils mit besonderer Schwerpunktsetzung auf die wesentlichen Elemente der Handlung auf Richtigkeit beurteilt. Hinzu kommen zwei weitere Bewertungseinheiten für das richtige Verständnis der handelnden Personen und der Reihenfolge der Handlungsschritte. Die auf diese Weise zusammenkommenden Bewertungseinheiten werden nach einer BE-Noten-Tabelle in Noten umgesetzt.

Textverständnis: BE-Tabelle mit Erwartungshorizont

Text	Textverständnis: Handlungsschritt	BE
Ulixes – pervenit.	Odysseus und seine Gefährten kamen auf meine Insel.	2
Primum – mutavi.	Ich traf die Gefährten, erschrak und verwandelte sie in Schweine.	2
Protinus – voluit.	Da kam Odysseus und wollte sie befreien.	2
Statim – praestare.	Ich begriff: Er ist klüger als die anderen.	2
Dolum – petivi.	Er bedrängte mich mit der Waffe, ich bat um Gnade.	2
Ulixes – fecit.	Er schloss Freundschaft mit mir.	2
Tum – recepi.	So bekam ich ihn in mein Haus und in mein Bett.	2
Nunc – ago.	Jetzt ist er weg und ich habe nur noch euch.	2
	Handelnde Personen und Abfolge der Handlungsschritte dem Text entsprechend	2
		= 18

BE-Noten-Tabelle
Kriterium: 50 % (9BE) ist die schlechteste Vier.

BE	Note
18–16	1
15–14	2
13–11	3
10–9	4
8–6	5
5–0	6

Das hier nur auf den »Übersetzungs«-Teil bezogene Format spielt die oben ausgeführte Positivkorrektur für diesen auf das globale bis detaillierte Verstehen abzielenden Aufgabenteil praktisch durch. Das Überprüfen des sprachlich-strukturellen Verständnisses ist dementsprechend ausgeklammert. Dagegen steht hier das »Gemeinte« im Sinne der denotativen bzw. semantischen Äquivalenz im Vordergrund (vgl. oben Kap. 2.1.1).

Das heißt natürlich: Auch mit einer genauen Paraphrase (vgl. oben Kap. 2.2) können Lernende die volle Punktzahl erreichen!

5. Literatur

Bayer, K.: Zur Bestimmung des Schwierigkeitsgrades von lateinischen Klassenarbeiten, in: Pegasus-Onlinezeitschrift, 2003,2, 1–19.
Beyer, A.: Lateinische Lehrbuchtexte und ihr Anspruchsniveau, in: Latein und Griechisch in Berlin und Brandenburg, 2018,2, 73–81.
Beck, B./Klieme, E. (Hrsg.): Sprachliche Kompetenzen: Konzepte und Messung, Weinheim/Basel 2007.
Brendel, W./Kuhlmann, P./Vollstedt, H.: Medias in res! Mein Latein-Portfolio, Bamberg 2018.
Burmester, A. P.: Textverstehen ohne Rekodierung?, in: Korn, M. (Hrsg.), Latein Methodik: Handbuch für die Sekundarstufe I und II, Berlin 2018, 146–157.
Clasen, A. (1976): Probleme der Übersetzungsklausur, dargestellt an der Positivkorrektur. In: Bayer, Karl (Hrsg.) (1976): Leistungsmessung im altsprachlichen Unterricht. Auer: Donauwörth, S. 47–75.
Doepner, Th. (2021): Die Mär vom Fehlerquotienten. Die Geschichte einer Suche – verbunden mit der Forderung, das Können der Schüler*innen an die Stelle des Fehlerzählens zu setzen. In: Latein und Griechisch in Nordrhein-Westfalen, Bd. 2, Nummer 1 (2021), S. 21–28.
Doepner, Th./Hesse, G./Keip, M./Kurczyk, St. (2017): Würdigung und Sinnverständnis. Kompetenzorientierte Übersetzungsbewertung nach dem Duisburger Modell. In: Der altsprachliche Unterricht Latein Griechisch, 60. Jahrgang, Heft 4+5, S. 60–69.
Eberhardt, C./Korn, M. (2021): Brauchen wir nicht einen »schlankeren« Lateinunterricht? Oder: Von der Ambivalenz der Vielzahl von Kompetenzbereichen. In: Ars docendi. La Rivista online del Centrum Latinitatis Europae, 7, giugno 2021, S. 1–6. Online: http://arsdocendi.centrumlatinitatis.org/kompetenzen-latein-korn-eberhardt/#page-content
Florian, L.: Heimliche Strategien: wie übersetzen Schülerinnen und Schüler?, Göttingen, 2015.
Florian, L.: So übersetzen Schüler wirklich, Göttingen 2017.
Garbe, C./Holle, K./Jesch, T.: Texte lesen: Lesekompetenz – Textverstehen – Lesedidaktik – Lesesozialisation, Paderborn 2009.
Gemeinsamer Europäischer Referenzrahmen für Sprachen (GER), 2001, online verfügbar unter: https://www.europaeischer-referenzrahmen.de
Gesner, J. M.: Primae lineae isagoges in eruditionem universalem nominatim philologiam, historiam et philosophiam in usum praelectionum ductae, Leipzig 1784. (= Erste Grundlinien einer Einführung in die allgemeine Bildung namentlich in die Philologie, Historie und Philosophie als Hilfe für erläuternde Vorlesungen verfasst, übersetzt von Pradel, K., Göttingen 2013.)
Glücklich, H.-J./Nickel, R./Petersen, P.: Interpretatio: neue lateinische Textgrammatik, Freiburg 1980.
Glücklich, H.-J.: Satz- und Texterschließung, in: AU 30/1 (1987), 5–32.
Glücklich, H.-J.: Lateinunterricht. Didaktik und Methodik, Göttingen 2008.
Glücklich, H.-J.: Textverständnis und Überprüfung, in: FC 60 (2017), 214–227.
Hensel, A. (Hg) (2017): Textverständnis überprüfen (= AU 60/4+5).

Hey, G./Jesper, U./Witt-Bauhardt, K./Zint, N.: Buchners Praxisbuch des Übersetzens, Bamberg 2016.
Hinger, B./Stadler, W. (Hrsg.): Testen und Bewerten fremdsprachlicher Kompetenzen, Tübingen 2018.
Horstmann, H./Korn, M.: Cicero als Prüfungsautor im schriftlichen Latinum. Von der Erforderlichkeit einer ganzheitlichen Berechnungsweise des Anforderungsniveaus lateinischer Texte, in: Kuhlmann, P./Marchetti, V. (Hrsg.), Cicero als Bildungsautor der Gegenwart, Heidelberg, 2020, 175–194.
International Baccalaureate Organization (UK) Ltd (Hrsg.) (2014): Classical Languages Guide. First Examinations 2016. Selbstverlag: Cardiff.
Janka, M.: Lateindidaktik – Praxishandbuch, Berlin 2017.
Koller, W./Henjum, K. B. (2020): Einführung in die Übersetzungswissenschaft. UTB, 9. grundl. überarb. u. aktual. Auflage.
Korn, M. (2020): Beurteilen versus Zählen. Mutmachende Perspektiven für die Bewertung schriftlicher Übersetzungsleistungen in den alten Sprachen. In: Ars docendi. La Rivista online del Centrum Latinitatis Europae, 5, dicembre 2020, S. 1–7. Online: http://arsdocendi.centrumlatinitatis.org/beurteilen-versus-zahlen-korn-korn-matthias-2020-beurteilen-versus-zahlen-mutmachende-perspektiven-fur-die-bewertung-schriftlicher-ubersetzungsleistungen-in-den-alten-sprachen%ef%80%aa-ars-doc/#page-content
Korn, M./Kuhlmann, P.: Textverstehen und Wege der Dokumentation, in: O. Ehlen et al. (Hgg.): Perspektiven für den Lateinunterricht IV, Stuttgart 2021, S. 15–27.
Kühne, J.: Forum Latein. Übersetzungstraining, Berlin 2013.
Kühne, J.: Theorie der Leistungsbeurteilung, in: Perspektiven für den Lateinunterricht II. Ergebnisse der Dresdner Tagung vom 19.–20.11.2015, Bamberg 2017, 13–20.
Kuhlmann, P.: Fachdidaktik kompakt, Göttingen 2009.
Kuhlmann, P.: Lateinische Literaturdidaktik, Bamberg 2010.
Kuhlmann, P.: Übersetzungskompetenz und kursorische Lektüre, in: Kussl, R. (Hrsg.), Antike im Dialog (=Dialog Schule Wissenschaft 45), Speyer 2011, 261–277.
Kuhlmann, P.: Kompetenzorientierte Klassenarbeitsformate. Aufgabenformate und Bewertungskriterien, in: Der Altsprachliche Unterricht 60,3 (2017), 38–43.
Kuhlmann, P.: Textverstehen, in: Korn, M. (Hrsg.), Fachmethodik Latein, Berlin 2018, 29–38.
Kuhlmann, P.: Textkompetenz: Methoden und Strategien, in: Korn, M. (Hrsg.), Fachmethodik Latein, Berlin 2018, 69–78.
Kuhlmann, P.: Textverstehen und Übersetzen sowie deren Bedeutung, in: Choitz, T./Sundermann, K./Meyer, A. (Hrsg), Perspektiven für den Lateinunterricht III, Stuttgart 2019, 38–49.
Kuhlmann, P.: Is' doch Latein – das klingt eben komisch: Übersetzung aus dem Lateinischen als sprachwissenschaftliches, literaturwissenschaftliches und didaktisches Aufgabenfeld, in: Freund, S./Mindt, N. (Hrsg.), Übersetzen aus dem Lateinischen als Forschungsfeld. Aufgaben, Fragen, Konzepte, Tübingen 2020, 219–235.
Kuhlmann, P./Horstmann, H.: Wortschatz und Grammatik üben: didaktische Kriterien und Praxisbeispiele für den Lateinunterricht, Göttingen 2018.
Kuhlmann, P./Pinkernell-Kreidt, S.: Res Romanae: Literatur und Kultur im antiken Rom, Berlin/München 2017.
Langer, I./Schulz von Thun, F.: Sich verständlich ausdrücken, München 2019.
Leisen, J.: Sachtexte lesen, 2009, online verfügbar unter: http://www.josefleisen.de/downloads/lesen/104%20Sachtexte%20lesen.pdf.
Leisen, J.: Handbuch Sprachförderung im Fach: sprachsensibler Fachunterricht in der Praxis, Bd. 1: Grundlagenteil, Stuttgart 2013.
Leisen J.: Handbuch Sprachförderung im Fach: sprachsensibler Fachunterricht in der Praxis, Bd. 2: Praxismaterialien, Stuttgart 2013.
Leubner, M./Saupe, A.: Textverstehen im Literaturunterricht und Aufgaben, Baltmannsweiler 2016.

Lošek, F./Niedermayr, H.(2017): Die standardisierte kompetenzorientierte schriftliche Reifeprüfung in Österreich. Ein neues Modell für das Überprüfen von Textverständnis. In: Der altsprachliche Unterricht Latein Griechisch, 60. Jahrgang, Heft 4+5, S. 98–104.

Maas, S.: »Jetzt hat er endlich die Vokabeln inne!«–Eine empirische Studie zur Un-und Missverständlichkeit deutscher Vokabelbedeutungen in Lateinlehrbüchern, unpublizierte Masterarbeit Göttingen 2020.

Maier, F.: Lateinunterricht zwischen Tradition und Fortschritt, Bd. 3: Zur Praxis des lateinischen Lektüreunterrichts, Bamberg 1988.

Ministerium für Schule und Bildung des Landes Nordrhein-Westfalen (Hrsg.) (2008): Kernlehrplan für die Sekundarstufe I Gymnasium in Nordrhein-Westfalen Latein. Selbstverlag: Düsseldorf.

Ministerium für Schule und Bildung des Landes Nordrhein-Westfalen (Hrsg.) (2019): Kernlehrplan für die Sekundarstufe I Gymnasium in Nordrhein-Westfalen Latein. Selbstverlag: Düsseldorf.

Ministerium für Schule und Bildung des Landes Nordrhein-Westfalen (Hrsg.) (2014): Kernlehrplan für die Sekundarstufe II Gymnasium/Gesamtschule in Nordrhein-Westfalen Lateinisch. Selbstverlag: Düsseldorf.

Müller, L. (Red.): Bundeswettbewerb Fremdsprachen, Bonn 2019

Nickel, R.: Übersetzen und Übersetzung: Anregungen zur Reflexion der Übersetzungspraxis im altsprachlichen Unterricht, Speyer 2016.

Niemann, K.-H.: Texterschließung und Grammatikverständnis im lateinischen Anfangsunterricht, in: Der Altsprachliche Unterricht 30/1 (1987), 64–76.

Nieweler, A.: Fachdidaktik Französisch: Tradition, Innovation, Praxis, Stuttgart/Düsseldorf/Leipzig 2006.

Nold, G./Willenberg, H.: Lesefähigkeit, Beck, B./Klieme, E. (Hrsg.): Sprachliche Kompetenzen: Konzepte und Messung, Weinheim/Basel 2007, 23–41.

Oertel, J.-L: Kursorische Lektüre: Formen, Methoden, Beispiele, Bamberg 2006.

Oswald, R.: Texterschließung: ein Hand- und Übungsbuch zu den Kompetenzbereichen (neue Reifeprüfung Latein), Wien 2011.

Sächsisches Staatsministerium für Kultus (Hrsg.) (2018): Verwaltungsvorschrift (VwV) Durchführung Oberstufe und Abiturprüfung des SMK vom 3. August 2018.

Sauer, J./Czaplinsky, W.: Kompetenzorientierte Diagnose des Textverständnisses mittels freier Schülertexte, in: Der altsprachliche Unterricht 60.4/5 (2017), 81–87.

Schauer, M.: Der gallische Krieg: Geschichte und Täuschung in Caesars Meisterwerk, München 2016.

Scholz, I./Weber, Chr. (2015): Denn sie wissen, was sie können. Kompetenzorientierte und differenzierte Leistungsbeurteilung im Lateinunterricht. V&R: Göttingen, 2., verbesserte Auflage.

Sekretariat der Kultusministerkonferenz (Hrsg.): Einheitliche Prüfungsanforderungen in der Abiturprüfung Latein. Beschluss der Kultusministerkonferenz vom 01.02.1980 i. d. F. vom 10.02.2005.

Trompke, J./Korn, M.: Die Zukunft der fachbezogenen Strategien des altsprachlichen Unterrichts, Teil II: Gedikes Geschichte »Ehrlich währt am längsten. Lignator et Mercurius« als Textgrundlage für Aufgaben zur Dokumentation von Textverstehen alternativ zur Rekodierung, Dresden 2019.

Viva: Lehrgang für Latein ab Klasse 5 oder 6, Göttingen 2012.

Wittich, P.: Latein unterrichten: planen, durchführen, reflektieren, Berlin 2015.